独立自尊の日本を創る

日本再興

カズ・カズ・ユキ鼎談

原口一博（衆議院議員）
石田和靖（越境3・0チャンネル）
及川幸久（実業家／作家）

三和書籍

はじめに

新型コロナウイルスワクチン接種後に体調が悪化し、二〇二三年一月にステージ2の悪性リンパ腫と診断されました。抗がん剤の副作用によって脱毛し、医療用のウイッグを着用して国会に登院していました。二〇二三年四月一〇日の国会で、ウィッグがずれたことをスポーツ紙に書かれ、ネット上での差別的な書き込みもありました。そして二〇二三年四月二五日に、病名と闘病中であることを発表しました。

幸いにも、多くの方に支えられ、七月二四日には「寛解」の診断を受け、二〇二三年七月二五日にX（旧Twitter）で公表しました。その「寛解」を祝う形で二〇二三年一一月二六日に、佐賀市文化会館で「不死鳥の会」として石田和靖さんと及川幸久さんと三人で鼎談を行いました。

三人での鼎談は初めてでしたが、有意義な話ができ、多くの方に喜んでもらえました。

今年の七月に、石田さんと及川さんと三人で話をしていたら、二〇二三年一一月二六日の「不死鳥の会」での鼎談を本にしたら面白いのではないかということになりました。どこか出版してくれる出版社を探していたら、及川さんの友人を通じて、三和書籍を紹介していただきました。

三和書籍で、二〇二三年一一月二六日の鼎談を文字起こししたところ、一冊の本にするには分量が足りないということで、七月二五日に改めて三人で鼎談を行いました。このときは、二時間を超える話になり、分量的には「問題なし」ということになりました。ただし、二〇二三年一一月二六日の鼎談、七月二五日の鼎談ともにYouTubeで配信したため、本にだけ記載されている情報を入れたいということで、八月二六日に三人で鼎談を行いました。

この本は、第1部が二〇二三年一一月二六日の鼎談、第2部が七月二五日の鼎談、第3部が八月二六日の鼎談という構成になっています。そのため、少し重複する内容がありますが、話の流れと時間の経過もあるので、重複するところもあまり削除せず掲載しています。

私は、一九九六年に衆議院議員となり、以来二八年国会議員を続けています。その間、平和を維持し国民の生活を豊かにすること、日本弱体化装置である消費税をなくすこと、食料自給率を上げていくこと、非正規雇用の問題、などに取り組んできました。また、自分自身がコロナワクチン接種後に悪性リンパ腫になったこともあり、医療問題も大きなテーマです。

失われた三〇年といわれるように、世界の中で、紛争中の国をのぞいて、日本だけが成長が止まっています。これは政治の問題です。政治が国民から乖離し、さらにマスメディアが国民に真実を伝えていないからです。また、アメリカとの関係もあります。現在、北海道から沖縄まで、一三〇ヶ所もの米軍基地があります。

独立自尊の日本をつくっていくための決意と、そのためのアイデアを三人で語っています。そこで、本のタイトルを『日本再興』としました。

二〇二四年一〇月

原口 一博

目次

第2部　カズ・カズ・ユキ鼎談

第3部　ここだけの話

第1部　不死鳥の会

司会：ありがとうございました。それでは、早速ここでトークセッションに入っていただきたいと思います。

「この予防接種の注射はおかしい、どう考えてもおかしい」

原口：はい、ありがとうございます。

じゃあ、ユキさん、今日はありがとうございます。

まず、注射の件から少しお話しいただいて良いですか？

及川：注射の件ですか、はい。

皆さん、どうもこんにちは。そしてこんばんは。初めまして、及川幸久でございます。

私、日本の四七都道府県で一県だけ足を踏み入れたことがなかったのが佐賀県だったんですけど、今日ついに佐賀県に来ることができました。

今日はちょっと数時間の滞在ですぐ戻らなきゃいけなくて、今日の夜からロシアのモスクワに行くことになってるんですけど。

この予防接種が三年前のパンデミックから始まって、私自身はその前からYouTubeチャンネルで国際情勢を発信している中で、アメリカのYouTubeだとか、今のX（当時のTwitter）で盛んにこの注射に関しての危機を警告する投稿が多かったんですよ。アメリカで圧倒的に多かったんですよ。でも、その頃は日本では全くそんな感じじゃなくって。

これをどう解釈したらいいのかなっていうので、私は医療の専門家ではないので。しかし、何らかの形で発信してしまうとそこで責任が生じるものですから、非常に悩んだんですが、そんな中で徹底的にいろんな人に、専門家に聞いて、「この予防接種の注射はおかしい、どう考えてもおかしい」という風に判断しまして、そういう発信を始めていたんですね。そしたら、YouTubeでそう発信をしたらYouTubeのコメント欄で山のように批判を受けました。毎日毎日、すごい批判が来るようになって。「これは一体何なんだろう」っていう風に不思議だったんですけど。

それから一年、二年経って今年、こちらにいらっしゃる石田さん、（カズさんと呼んでるんですけど。こちらにいらっしゃる原口衆議院議員もカズさんと呼ばせていただいてるんですけど。二人カズさんがいらっしゃるんですけど。）カズ石田さんからカズ原口さんを紹介していただいて。その時にちょうど癌の告白をされたところだったんですよね。で、私もちょっと前まで政党の役員をやっていたので、政治に関わっている、特に選挙に出てる人が癌の告白をするっていうのは、大変なことだというのはわかってるつもりです。癌の告白をしてる人に有権者の人は投票しないですよね。でも、それを超えて今カズ原口さんが言われた通り、自分が癌であるってことを知らせることによって、同じように苦しんでる人の中には、共感する人が絶対いるはずだと。そこでこの告白をされてるその姿に私は大変感銘を受けまして。やっぱりすごい感動しましたね。

それで、Xのスペースっていう機能があるんですけど、Xのスペースで原口さんの癌の問題を中心としたスペースの番組を組んでですね、発信をしたんですね。北里大学の花木秀明教授にも出ていただいて。何万回も再生されるようになって、その回を二回ぐらいやらせていただいたんですけど、でも今日ね、司会の江口さんから原口代議士は様々な苦難困難を乗り越えてきたっていうそういう話をされたじゃないですか。原口さん自身もお話しされてましたよね。医療過誤っていうんですか。医療過誤、それがご家族にもご本人にも続いて、で、癌になられて。でもそれを一つ一つ乗り越えて今があるっていう。で、その中で今はっきり言って、少なくとも日本のインターネット上で最も目立っている政治家は原口一博さんだと思います。それは、これまでにない政治家像を我々に見せてくれたからですよね。私、今日ここに来て原口さんのいろんなことを乗り越えてるのを見て、誰かに似てるなって思ったんですよ。

トランプの忍耐力

及川：今、アメリカでは大統領選挙の予備選をやってるとこなんですよね。で、アイオワ州というところでトランプさんの講演があったんですね。トランプさんのアイオワ州ってすごく大事なとこなので。来年の大統領選挙の一発目がこのアイオワ州なんですよ。だからすごく重要なところで。そこでトランプさんの講演があって、そこで記者会見みたいなのがあったんですね。多分記者の人だと思うんですけど、トランプさんに質問したんです。「質問があります」って言って。「まず私が言いたいのは、あなたは何回も起訴されて、裁判をかけられて。それも、いい加減な裁判をいっぱいかけられ、マスコミから悪いことをいっぱい言われ続け、根拠のないのに悪いことをいっぱいいっぱい出されて。それでも乗り越え続けてきている、あなたのそういう忍耐力は一体どこから来てるんですか？」こういう質問をしてたんですよ。「あなたの忍耐力は、その向こう側に神様が自分についているというその思いがあるからですか？」って。こういう質問だったんです。この質問にトランプさんはすごく感動していて、あなたの質問にありがとう、と。その通りだと。神を感じてると。でもそれだけじゃなくて、「こうやってたくさんの人が来てくれて、この人たちが一緒に戦ってくれる、自分と。だから自分一人じゃないんだと。こんな苦難、困難っていうのは自分一人じゃなくて、一緒に戦ってくれる人はたくさんいる。その人たちへの感謝の思いがあるから越えられるんだ」っていうね。そういう話をしてたんですよ。

これね、トランプさんと原口一博さん、同じだなと思ったんですよ。同じ思い、やはり今も触れられてましたけど、神様は何か苦難も与えるけど、それを乗り越える姿を通して、世の中の人々に何かを示そうとしている。なので、私から見ると原口一博さんという政治家は、現代の日本に「神が遣わせた使者」であるというふうに思います。以上です。

原口：ユキさんありがとうございます。

カズさんがユキさんを紹介してくださって、そしてユキさんのご紹介でテス・ローリーさんとか多くの海外の医師がそうやって僕を助けてくれたんですね。だから三人で鼎談するのはこれが初めてなんですよね。

石田：意外と初めてなんですよね。

原口：初めてですよね。

石田：それぞれは仲良くて、それぞれがなんか色々やってたりとかはあるんだけど、三人が一つの場に集まってこういうのをするのは実は初めてですね。

原口：それが、カズさんの佐賀でやれたってのはよかったですね。

石田：よかったね。しかも佐賀初めて？四七都道府県の最後の最後？すごい。

原口：カズさんは昨日、「嬉乃すし」さんで佐賀のお寿司を堪能されて。

石田：はい。めちゃくちゃね、お酒飲みました。お酒、美味しくて美味しくて。九州って焼酎のイメージありますけど、佐賀はなんか日本酒なんですってね。で、あまりにも美味しくてかなり飲んだんですけど、全然今朝すっきり目覚めて、全く二日酔いじゃないというね。いい酒は残らないんですよ、次の日に。

中西部のトランプ支持者

原口：ユキさんのトランプさんの話がありましたけども、日本じゃトランプさんっていうと「ちょっと変な人」「とんでもない人」っていうことですけど、二〇一六年に「トランプさんが勝つだろう」って僕言ったんですね。それなんでかっていうと、オーバーフライトの人たちって…これ差別用語ですよ。アメリカの大統領選挙っていうのは東と西の大金持ちで決まるんです。共和党であろうが民主党であろうが。その間のオーバーフライトの人たちって、どういう意味かというと、頭の上を飛行機で飛び越されるだけの人たち。嫌な言葉ですね。いわゆる中西部の、あの「大草原の小さな家」に出てくるような。真面目に真面目に営農をして、そして、でも中西部に行かれるとですね、半旗のかかった家がけっこう多いんですよ。なんでかというと戦争屋が戦争に駆り立てて、例えばイラク戦争やアフガン戦争などいろんな戦争に行って、そして子供が、娘が息子が帰ってこない、帰ってくるのはボディバッグで帰ってくる。世界の正義とまさに秩序のために外に出て行ったと思う。

僕もアフガニスタンで従軍してる心理学の専門なので。米兵の方がですね、毎日のように「もう生きたくない」と、僕にメッセージをくださいました。それがどんなメッセージか、個人の情報なんで詳しくは言わないけど、何を思っているかというと、「自分たちは正義のためにこのアフガンに来た。だけどやってることはとんでもないことだ。人の国を侵略して、そして大義のない戦争に来てる。そして今日もまた友達が一人亡くなり、あるいは、罪のない人が亡くなっていった。というか殺された。生きてるのが辛い」っていうんです。トランプさんにはこういう支持者が多いんですね。それから中西部で農業をやったり、慎ましいお店をやったりしながら頑張ってきた。だけどボタン一つで巨大な富を生む。そして大きな税金を自分たちに課していく。自分たちのことなんかは全然考えてない。でもやっと考えてくれる人間ができたんだっていうので、トランプさんが勝ったわけですね。

ところが、その後バイデンさんになって、昨日もあのカズさんが配信してくれてたけど中東、もう本当にアメリカ一体どうしちゃったんですかっていう状況ですよね。ちょっとその状況を教えていただいていいですか？

マスメディアが伝える中東諸国のイメージ

石田：うん、そうですね。

今までの話の中でもワクチンの話とか、アメリカの話とか色々出てきましたけど、それらをね一言でまとめると日本のマスコミはプロパガンダなんですね。アメリカのプロパガンダ。結局、アメリカにとって不利益なことというのは日本のテレビとか新聞は流さないわけですよ。だから僕らにも真実が伝わらないので、ウクライナ戦争もそうだし、今起きているハマスとイスラエルの戦争もそうなんですね。

僕は中東にずっと三〇年間関わってきました。中東のほぼ全ての国の政府や企業とかと、つながりを持って関わりを持ってきました。現地に行くとね、もうものすごい日本人のこと尊敬してるわけですよ。中東アラブ諸国というのは。で、カズさんもよくX（旧Twitter）であげられてるけど、パレスチナのあの折り紙の写真あるじゃないですか。パレスチナの人たちがどれだけ日本人のことを大好きで日本人のことを信用しているか、とかね。そういうものすごい日本人のこと尊敬していたり、親日な部分とかにずっと触れてきたわけですよ、この三〇年間。

でも日本に帰ってくるとどうですか？中東・アラブ諸国・イスラムっていうとテロとか紛争とかのイメージで「中東怖い」って言ってる日本人がほとんどなんですよ。ものすごい親日で、しかも日本のエネルギー安全保障の今、九七％の石油が中東から運ばれてきている。中東の湾岸諸国から。でも日本人が「中東はテロと紛争で怖いところであんまり触れないほうがいいんじゃないか」というような、そういう報道なんですね、日本のマスコミは。いいことあんまり流れないでしょう。中東・アラブ・イスラムっていったらもうテロと紛争のニュースばっかりで。

実は日本の二〇年三〇年先行ってる未来都市が作られていたりとか、産油国が石油を一滴も使わない街づくりなんかがもう一〇年以上前から推進されていたりとか、無人運転の電気自動車が街の中をもう既に走っているとか。もう未来都市なんですね。ぶっちゃけU

ＡＥもサウジアラビアもカタール、クウェート、バーレーン、みんなそうなんですよ。日本の二〇年三〇年先行っちゃってるんですよ、既に。

でも、そういう光と影の光の部分って日本で紹介されないんですよ、なぜか。中東、特にアラブ諸国に関しては。それはなぜかというと、さっき言ったようにアメリカのプロパガンダで日本のマスコミはアメリカの不利益になるようなことはできるだけ流せないと。中東に関しては、パレスチナ情勢に関してはどうかといったら、イスラエルが善でパレスチナ・ハマスが悪なんですね。だから一〇月七日にあの戦争が始まった時に日本でもバーっと報道流れましたけども、結局日本の報道はみんな右へ習えで、ハマスがテロリスト、それに対してイスラエルが報復をするんだ、といういかにもイスラエルが正しいこと正しい行いをやっているかのような報道でスタートしたんですよ。

で、さらに日本の増税とかね。名前言わなくてもわかると思いますけれども、彼は日本政府の立場としては、イスラエルに連帯を表明する、連帯をアピールするって言ってますよね。上川外務大臣もこの間イスラエルに行って、イスラエルと連帯をアピールしているわけですよ。ハマスのテロ行為を非難してるわけですよ。もちろんハマスがテロ行為を行いました、行ったけれども、なんで彼らがああいうことをやったのか。一〇月七日以前に、ハマス以上にひどいジェノサイド（虐殺）を、どれだけイスラエルの過激派のシオニスト政権がやってきたか、毎日毎日何十人もパレスチナ人が銃で撃たれて殺されてきたかっていう。その一〇月七日以前の報道っていうのは、日本ではほとんど紹介されてないわけですよね。

でも、中東の情報をニュースで触れていると、そんなニュースは毎日毎日出てくるわけです。「今日はパレスチナ、ヨルダン川西岸地区でイスラエル軍にパレスチナの民間人が銃で撃たれて一五人死にました」「昨日は二三人死にました。その前は二〇何人死にました」というように、毎日毎日一〇人二〇人って殺されてるんですよ。去年の年末からこの一年間にかけてね。これは僕は〝越境3.0チャンネル〟の中で「これは、いずれパレスチナの暴発が起きる」と「いずれ大きな戦争になる」ってことも。今回の戦争なんてもう完璧に誰でも予測できたし、アラブの人たちは予測できたし、日本人にそのニュースが伝わってるのは、いきなりハマスがとち狂ったかのように攻撃を起こして大きな戦争が起きたっていうような、そんな報道になってますけど、そうじゃないんですよね。言っちゃ悪いけど起こるべくして起こってしまった、パレスチナの人たちの怒りが頂点に達してそれが暴発してしまった、という、そういうことなんですよ。

そういうようなことっていうのは日本で流れてないというのが、アメリカ側の操作はあるわけですけど。そのアメリカの立場、二重基準、ウクライナ戦争のロシアに対するアメリカの対応とイスラエルに対する対応と二重基準じゃないかと。そして戦争を起こしているのはいつもアメリカじゃないかと。それで提案ではなくて中東に対する圧力ではないかと。そういうものがこれまでそれだけ積み重なってきたので、今中東の国々はアメリカ離れを起こしてるわけね。

アルジャジーラという現地のニュースが報じたのが「グッバイアメリカ、ハローチャイナ」なんですよ。アメリカからはもう切り離すと、中東は。これからは中東諸国はもう中国、ロシアの方に目が向いていきますよ、ということをもうほぼ宣言してるんですね。宣言してるんだけど、その宣言してる人たちというのは、日本に対して今九七％の石油を供給してくれているサウジアラビア、ＵＡＥ、オマーン、バーレーン、カタール、クウェートという湾岸協力会議の中東の六カ国なんですね。だからこの国がどういう方向に向かってるのか、どういう風に動くのかでそういうことを日本の方向性もちゃんとそこの上を考えて動かないと、さっきカズさんも言ってたけど、おそらく日本に石油が一滴も入ってこなくなる時代がやって来るかもしれない、というのが、実は先日もうギリギリのところまで来てたんですよ。なぜなら、日本はイスラエル支援を表明しちゃってるから少なくとも中立的な立ち位置を保つべきなんですよね。

中東戦争に対して中立の立場を維持した田中角栄

石田：この同じようなことが一九七三年にね、起こったんですよ。第四次中東戦争の時、田中角栄首相だったんですよ。田中角栄さんはアメリカ政府から要請されたのが第四次中東戦争「イスラエルとアラブ諸国で戦ってる戦争で参加してください。そしてイスラエルを支援してください」とアメリカから圧力を受けるわけ。田中角栄さんはちゃんとわかっていたので、日本の石油はアラブ諸国とつながっていると。アラブ諸国から嫌われてしまったら石油は一滴も入って来なくなる可能性があるということで、そのアメリカからの圧力をばっさり断ったんですね。日本は中東戦争には参加できません。中立的な立場を維持しますと。イスラエル支援は決してできません、と、その時の田中角栄さんはアメリカに対してはっきりと答えてくれたんですよ。

という田中角栄さんの力があって、アラブ諸国と日本との信頼というのが成り立って、これまで安定的に石油が入って来ているという状況が何年も続いていたんですよね。何年も続いていたんだけど、ひょっとしたらその安定というのがそういう決断、中立的な決断を下した田中角栄さんの努力というのがひょっとしたら今の増税政権で全部ひっくり返されるかもしれないという危機的な状況なんです、実は。少なくとも中立を維持しなきゃならないので。

田中角栄さんがやったのはその中東戦争への不参加、中立的な立ち位置の声明、そして日中国交正常化もやりました。今、中国と日本がちゃんとつながってなかったら、経済的な恩恵なんか日本は受けられないし、中国嫌いっていう人も中にはいるかもしれないけど、中国がなかったら日本は生き残れないわけですよ、今。そんな状況を生み出してくれたのも田中角栄さん。田中角栄さんがやったことは、アメリカにとって都合の悪いことだったんですよ。で、その後何が起きました?ロッキード事件ですね。何にもないところから吊し上げられちゃったわけですよ。

これが田中角栄さんなんですけど、田中角栄さん僕大好きでいろんな本読みましたし、あの人の考え方とか向かってる方向とか色々見たんですけど、その田中角栄さんにそっくりなのがこの人なんですよ、原口一博。いつも言っていいところも悪いところもそっくり。とにかくね、乱暴だったりものすごい言葉が悪かったり、そういう一面もあるけども、それがまた愛情でもあったりするし、いろんな人の話を色々と本当に真剣に聞くし。で、そして例えば僕のYouTubeチャンネル〝越境3.0チャンネル〟なんかも本当に参考になった、日本にとって必要な考え方だっていうのをそのまま国会で林外務大臣とか岸田首相とかに質問とかしちゃうぐらいですからね。そのぐらいね、僕らの話をきちんときちんと聞いてくれてる人なんですよ。こういう政治家さんは本当見たことがないです。

　僕もいろんな政治家さん知ってますけども、本当に見たことない。一番ね、一人一人国民に寄り添って人々に寄り添って、みんなの話を全て聞く、真剣に。そしてコンピュータ付きブルドーザーと言われた田中角栄さんは前へ前へ突き進んでいく。日本の誰にそういった田中角栄さんみたいなことができるのかなと考えた時に、原口さんしかいないなと思ったんですね。なので、本当に国際情勢も日本の内部のことももう全てひっくるめてこの人が総理大臣になったら日本は輝くなと本当に思ってます。いや、だから総理大臣にしたいんですよね、なんとしてでも。なってもらわないと困るんですよ。他に誰かいますかっての思い当たらないですね今のところ。ここに集まっていただいてる皆さんは、今日の三人のメッセージをできるだけ一人でも多くのお友達に伝えていただければいいなと思うし、これからの日本を作っていく上で、やはり国際情勢、そして中東の動きというのは非常に注目なんで、僕のYouTubeチャンネルを、チャンネル登録してください。よろしくお願いします。

絶望が支配するパレスチナの難民キャンプ

原口：カズさんありがとうございます。

最初にカズさんがおっしゃったパレスチナの絵っていうのはですね、ちょうど二〇〇一年に僕らが衆議院の予算委員会で中東に派遣された時に、パレスチナ最大の難民キャンプっていう〝バカア〟っていうところにあるんですね。バカアはどこにあるかっていうとヨルダンです。ヨルダンにある難民キャンプで、自分たちの今セトルメントって言ってますね。セトルメントって〝入植〟って訳すからわかんないんですよね。「イスラエルの人たちがパレスチナに〝入植〟してます」って言うけど、あれはパレスチナの人たちがいる家を奪って、土地を奪って、そこにイスラエルの人たちが住むってことなんです。そこを追われて半世紀以上、バカアの難民キャンプに行くとですね、もう多分世界の中であおいう雰囲気を見るところはないと思います。毎日同じ日常、故郷に帰れない、定職にもつけない絶望が支配してるんですよ。

そこに行った時に、ちょうど小学校の入り口に掲げてあったのがパレスチナの子どもと和服を来た日本の子どもが手をつないでいる、大きな陶器の陶版画だったんです。僕らが来るからそれを掲げたんじゃないんです。小学校の先生がこう言いました。「私たちは、毎日毎日が絶望です。だから、亡くなる死の一番目は〝自分で自分の命を断つ〟っていうことなんですね。でも、日本の方々がこうやって教育の学校を作ってくれました。私たちは次の世代、子どもたちに未来を通して、自分たちはおそらく生きてる間にあのパレスチナの地に戻ることはないかもわからないけど、この子どもたちが育って、そしていつかは故郷に帰る時ができるんじゃないか。この子どもたちがお医者さんになったり、先生になったり、農家になったり、色々やって自分たちを食べさせてくれるんじゃないか、希望を与えていただいたのが皆さんなんですよ。日本の方々なんですよ。日本の皆さんありがとうございます」って言うんですね。

ところが、今やってることは、カズさんがおっしゃったようにね、（今日からロシアに行かれる？いいですね、僕はロシア入国禁止議員の一人だから）そこに佐賀市文化会館があるでしょ。あのこけら落とし、オーケストラどこが来ました？サンクトペテルブルグフィルハーモニー交響楽団ですよ。ロシアのオーケストラ、毎年鳥栖に来てるじゃないですか。鳥栖出身の藤野さん、彼がコンダクターでしょ。でも、もう来れないじゃないですか。今カズさんが石油の話をなさっていましたけど、中東依存率はついこの間までは九〇％だったんですよ。あと七％どこかって言うとサハリン１、２ですよ。サハリン１、２から石油来ないじゃないですか。今回危うかったんです。ちょうどカズさん四日前ですかね？

石田：そうですね、そのぐらいですね。

アメリカの戦争屋の偽善と二重基準

原口：つい先日ですね、四日前。ＭＢＳって覚えてます？ムハンマド・ビン・サルマン、サウジアラビアの皇太子。三七歳。すごいです。彼は、五七カ国のムスリムのいわゆるイスラムの人たち、それからアラブの湾岸諸国の代表・トップを集めたんですよ。リアルに緊急で。しかも五七カ国が集まった。そして彼らは何て言ったかというと、「アメリカの戦争屋の偽善と二重基準、ダブルスタンダード、そして中東の無理解、もうたくさんだ」と言ったんです。

ちょうど今日ケイさんがそこに居て、ゾマホン君と一緒にあのアフリカでランタンを作ってくれてるねカズさんがいらっしゃいますけども。アフリカの人たちは、この間ゾマホン君も言ってたんですよ。「自分たちに欧米人が持ってくるのはろくなもんでないから。あの人たちが自分たちに持ってくるのは三つのSだ。一個目、戦争。自作自衛の戦争。二個目、搾取（グローバル資本が出ていってまさに日本は今、餌食ですよね）。そして三番目、説教。こともあろうに説教するんです。「あなた方は民主主義が進んでない」。でも、ガザのこの大虐殺、これを正義だと言ってる人が他に説教できますか？さっきハマスが一〇月七日にイスラエルの人を殺めたって言ってますけど、これ新たな事実が出てきましたね。イスラエルの人を殺めたのはハマスだったんですか。ハマスって、ユキさん、政党ですよね？ちょっとそのへんを教えてください。

及川：パレスチナっていうのを日本の政府は国として認めてないけど、実質、国であってその中に政党があるんですよね。選挙やってるんですよね。その選挙で今最大多数を持っているのがハマス。だから、確かにさっきカズ石田さんが言った通り行為としてはテロ行為に当たることをやってるかもしれないけど、その前があったんだっていうことですよね。その前のやらざるを得なかったことがあったんだと。ハマスっていう名前になってるけど、元はエジプトのムスリム同胞団っていう。これもテロ組織みたいに思われてるけど、(私は宗教家なので)本当にイスラム教のスピリチュアルな宗教の人たちの集まりなんですよ。その人たちのエジプトのムスリム同胞団がガザに入って、ガザでそこから作ったのが〝ハマス〟になってるんですよね。でも、そのハマスを利用したのがアメリカの〝ネオコン〟とイスラエルの〝シオニスト〟ですよ。これちょうどいいっていうので、そこを逆にお金を与えて、パレスチナの中で対立関係を作ってパレスチナとして一致してるのをわざわざ対立させて。こういうのはカズさんもよく朝の配信で言われてますけど、ディバイド・アンド・ルールっていって、分割して内部で争わせて外から支配するっていう、このパターンですよね。

イスラエル寄りのことばっかりアメリカのメディアが言って、それから日本のメディアはそのままじゃないですか。私が不思議なのは、日本のネットのいわゆる言論人みたいな人たち、特に保守と言われている人たちがほとんど「イスラエル軍がやってるのはそんな虐殺じゃないんです。ちゃんと逃して、逃してハマスのテロリストだけ殺してるんです。」は全然うそです。

石田：あれ何なんでしょうね。僕もそれちょっと不思議でならないんですよ。
　本当に戦争の背景とか、一〇月七日以前の状況とかを理解していないのか、それか何か意図があるのか、誰かに言わされてるのか。

原口：僕もその辺ちょっと不思議に思ってました。

石田：不思議、不思議。僕に言わせたら、もちろんハマスはテロ組織かもしれないけど、本当イスラエルの過激派シオニスト政権はハマス以上のテロリストですよ。だから全部のイスラエル人じゃないですよ。もちろんこれはユキさんの YouTube でもうまく解説していただいてますけど、今のネタニヤフ政権の中の一部の過激派政権、これがテロリストなんですよね。パレスチナをこの世からなくす、全て皆殺しにして「ここ全部イスラエルだ」と。

イスラエルの国旗皆さん知ってるでしょ。上が青い線、下が青い線。あれ意味わかります？あれナイル川とユーフラテス川なんですね。〝グレーター イスラエル〟という考えがあって、あの国旗の通りにユダヤ人の国を作ってしまおうというのが、過激派のシオニスト政権が本気で考えていることで、その考えの通りイスラエルを建国するのであれば、パレスチナのみならず、あそこからヨルダンもサウジアラビアもイラクも全てなくしてしまえという ね。そういうけっこう過激な思想なんですよ。「自分たち以外は全部動物」って言ってますもんね。怖くないですか？

及川：それがそういうイスラエル、シオニストは実はそういう人たちだってことを我々初めて知ったんですよ。私はカズさんから聞いていたので、私のチャンネルにも何度も出ていただいて。だけど私は子供の時からクリスチャンなんですよね、父親がクリスチャンだったんで。クリスチャンにとっては、エルサレムってやっぱり聖地なんですよ。で、旧約聖書と新約聖書を読んでるから、旧約聖書のユダヤ人っていうのはやっぱりね、ものすごい特別な存在なんですよ。だからどうしてもユダヤ人は神格化するんです。自分はアメリカ人であったり、日本人だったり、ユダヤ人でもなんでもないのに、クリスチャンはなぜかユダヤ人・イスラエルを神格化するんです。こういうことが起きると徹底的にイスラエル擁護になるんです。

だから今回の件で初めて色々知りましたね。

石田：そうですね。

その上で、この真実を世界が今だんだんわかりつつあって、アメリカの国内でも反イスラエルとかそういうデモとかが今かなり大きくなっているみたいですね。

実際にその反イスラエルのデモにユダヤ人のラビとか参加してるから。ユダヤ人も反対してるわけですよね。だからイスラエル人も今の戦争は反対なんですよ。ほとんどのイスラエル人が。

何度も言うけれども一部の過激派のシオニスト政権、言い換えるとテロリストの政権、そこが戦争をやってるようなもんで、ほとんどのユダヤ人とかほとんどのイスラエル人は違いますよ。この戦争には基本的に反対だし、やめてほしいって思ってるんですよね。

及川：でもそういう構造になってるってことを日本のマスコミだけ見てると本当わかんないですね。
わかんないし、本当はYouTubeとかネットでもそういうことはマスコミが言ってる方のうそを暴かなきゃいけないいんだけど、それ言ってるのはカズさんのチャンネルぐらいだね。

石田：中東に関してはね。

及川：もう本当にわからないようにされてますね。

原口：シオニスト…教科書も良くないんですよ。
シオニズム運動っていうと「ユダヤ人が故郷を追われてユダヤ人がどっかに行く運動だ」と。違うんです。ユダヤ人の中の一部、いわゆる過激派がシオニストなんです。
今回の一〇月七日のハマスがやったっていうのも、この間イスラエルの新聞が暴きましたね、スクープ。実はやったのはイスラエルのアパッチヘリだと。アパッチヘリが逃げ惑う自国民をハマスも何も区別がないから殺害してったっていうことなんですね。

今ちょうど四日間の停戦をやって、そして人質を交換してるでしょ。日本のテレビだけ見てるとわからないけども、あの人質のパレスチナの方はどういう人か？子供ですよ？子供をハマスだって言うんで捕えてたわけです。で、何の罪かって言うと、石を投げたら懲役二〇年。石を投げる、中東に行ったらこう言われますよ。戦車で踏みつぶしたら、それは戦争で正義ですか？それに石で抵抗したらテロリストですか？これがまさに二重基準なんです。で、これが世界にわかり始めた。人間の尊厳に二重基準はないんです。ユダヤ人を虐殺したナチス、パレスチナ人を虐殺しているシオニスト、これは同じなんです。しかし、こともあろうにそのシオニスト政権に支援するって言いに行ったのが日本の上川外務大臣。

そこで何が起きようとしたかというと、さっきカズさんが言ったＭＢＳがシオニストを支援するところには石油を一滴も渡しませんということを。五七カ国の会議で提案した国が幸い今のところそれは通ってないけど、しかし私たちの暮らしに直結することを何にもわからずにやってるから今日皆さんに申し上げているわけです。

アメリカはウクライナに出す予算がない

原口：これウクライナもそうです。ウクライナが勝ってるって皆さんまだ思っておられる方おられます？テレビではもう「ウクライナが正義だよ正義だよ」ってあんだけ腐敗した政権にですよ？

僕は一緒にユキさんとアメリカにいて、危うく日本に帰って来れなくなりそうになったんです。それ何かっていうと、もうウクライナにお金を出すなんてありえない、腐敗した政権に出すお金も全然ないんだ、アメリカが。

だから、それに反対する共和党の議員たちがいて、それで政府機関の要するに予算がつなぎっていう、CRっていうので今月の一七日までつないでたからやっとこさ帰って来れたんですよね。ちょっとそのへんお話しください。

及川：カズさんが代表されている非核地帯。

この話もすごい話なんですけど、非核地帯を北東アジアに作るっていう、その議員の国際会議が九月末だったんですけど、まさにその九月末っていうのがアメリカの国家予算の年度末だったんですね。アメリカの国家予算って九月末までで、一〇月一日から新年度になるんですね。だからあのアメリカの国家予算に関してはもう二〇二四年に入ってるんですけど、でもその新年度の予算が通ってなかったんですね。これが、結局バイデン政権と民主党がなんとかしてウクライナにもっと支援をしたいってのがあったんで。どんなにバイデンさんが大統領でこれ以上ゼレンスキーに支援したいと思っても、下院議会が予算を決めてくれないと出せないわけですよ。その下院議会が今共和党が過半数になっちゃったから、共和党がそこで「うん」と言わなかったんですよね。

でもこの一点だけですからね。ウクライナの一点だけで揉めて、予算が通らなくて。で、アメリカの国家公務員の人の給料が出なくなったりとか、米軍の兵士たちの給料が出なくなったりとか。こんなバカなことが起きようとしてたわけですよ。同時に空港の管制官の人たちも国家公務員なので給料が出なくなって、そしたら飛行機が飛ばなくなるっていう。その直前だったんですけどね。でもこれ今まだ続いています。

こんな戦争のためにとにかくお金を使わなきゃいけないっていう構造がアメリカで起き

ていて、今カズさんがちらっと言われたけど、我々完全に巻き込まれてるんですよ。我々の税金もこれまでどれだけウクライナの兵器になっていったか。兵器だけじゃなくて汚職になってるかもしれないけど。今度はイスラエルですよ。イスラエルにすでにお金、アメリカはイスラエルに大量に出すので、今度それに日本も我々が巻き込まれてるんですよ。そのお金、我々の税金です。我々の税金で本当はもっと使わなきゃいけないことがいっぱいあるのに、そのお金が兵器になってるんですよ。それも必要のない戦争の兵器になってる。でもね、このことを国会で言ってくれてる人ね、本当にカズさんしかいないですよね？

原口：いない。本当にいない。
そのへんのことをね、多くの国会議員がわかってないんじゃないかなって。
もっとね及川さんチャンネルと越境3.0チャンネル見た方がいいね。

及川：とにかく原口議員は朝五時からプラットフォームも四つも五つも…。

原口：そうそうそう。

及川：四本も五本もでしょ。

原口：ものすごい勉強になる、勉強になりますよ。

及川：我々だって一日一本出すのが精一杯じゃないですか。それを四、五本毎朝出してるから。すごいですよこの発信力。

石田：僕もね、時々朝、Xの方にねスペースに参加するんですけど朝早いじゃないですか。その朝早い時間僕朝風呂入ってるんです、いつも。お風呂の中で参加するとね、ちょっと「あ、カズさんが入ってきた！カズさんしゃべってください！」って僕しゃべらせてもらえるんだけど、なんかのぼせちゃって。朝、風呂入ってる時にねしゃべるんで。だからすごく勉強になるんでね、アーカイブを毎回必ず聞いてますけども、本当にいやすごいなと思って。

原口：なんでウクライナの話をしたかというと、アメリカはウクライナに武器をもうバンバン送り込んでないんです。今佐賀で、そこを通られたらおわかりでしょ？ダンプがものすごい連なってるじゃないですか。あれオスプレイの基地でしょ。オスプレイ一機いくらしますか。あれ二二〇億円ですよ。僕、総務大臣してましたから。消防庁の年間予算って二〇〇億円ですよ。一機分にもなんないんですよ。二二〇億円で終わりかっていうと、この間自民党の議員さんたちが東京に来られたから、「あんたたちは何千百億円っていう金だ。それは大きな金と思うとろうって。諫早湾干拓も一〇〇億円、オスプレイも一〇〇億円で手ば打ったろって」。オスプレイは今年から米軍は新規調達しないんですよ。落ちるから。古いから。使えないから。そしてこの一機二二〇億円で今防衛省が言ってる数字だけでですよ、四八〇〇億円もかかるんですよ。

「そがんですかって。おいたち一〇〇億で手ばうってしもうたとですばい」って。

「そうたいって。バカされとったばいって。それなして一博さん早う言うてくれやっとですか？」

「何回でも言うたろうが。なんば聞きよったかって言ったんですよ。一〇〇億、それ今から二〇〇〇億にして良かですか。二〇〇〇億食うわけなかやって。もう工事しよっとるけ」。

これ今ね、岸田さんは増税なんとかメガネておっしゃいましたけど、ものすごい増税、増税ですよ。増税、増税やってですね、そしてそれを四三兆円も武器に突っ込むって。これ防衛省の人たちも喜んでないんですよ。負担だけ大きくなるから危険なものに。だって、オスプレイなんかドローンぶつけられたらそれで終わりじゃないですか、二二〇億円パーですよ。で、それが皆さんの税金で一人頭どうですか。岸田内閣になっただけでですね、一人当たりの実質賃金は四三・八万円。一四・八万円下がってるんです、一四・八万円。安倍内閣からすると三八万円下がってる。私たちの賃金はどんどんどんどん下がり続けて、物価は上がり続けて。

でこんなこと言うとね、「一博さん、年金ってもう関係なかと。現役の人がね賃金が下がってそれはかわいそうやけども、私の年金は変わらんけ良かばい」っていう人がおられるわけです。

佐賀弁で言ってわかりますか…？

石田：半分わかんないです。

原口：すいません、ゲストにわからない言葉で言ってました。ということは、標準語でしゃべりますね。

「自分は年金だから関係ない」

でも違うんですよ。マクロ経済スライドっていうのがあって、年金は何と連動してるかというと、賃金の上昇と物価の上昇に連動してるわけです。マクロ経済スライドっていうと、なんかわけわからん。だいたいカタカナ語でいう時はね、みんなを騙す時。

マクロ経済スライドを日本語で丁寧に言いましょうか。佐賀弁でいうとわからんて言いやれる…。

〝年金の伸びを賃金の伸びほど上げません〟

〝年金の伸びを物価の伸びほど上げません〟

こう言ったら腹かくでしょ？腹かくでしょう？ふざけんなって。

マクロ経済スライドっていうのはこういうことなんです。

私が毎朝、毎朝やってるのは、今がもう正念場なんです。これより後ろに行ったら日本は立ち直らないんです。今年ね、実質のＧＤＰで韓国と台湾に抜かれましたね。抜かれたんです。それからもう教育。この国会でなんと、国立大学に金稼いでこいって言うんですよ。国立大学って金稼ぐところですか？

今日は先生方もたくさんおられていますが、学校教育の予算を、文科省の予算歴代で一番削ったのは今年なんですよ。なんばしよっかと思わんですか。変えたい、変えたいんですよ。

さて、標準語でもう一回お二人にですね、カズさん、あの増税メガネていうけども各国ですね、こんなに税金ばっかり、だってコロナで消費税を上げた国は日本だけですよ。よそは全部間接税下げてますよ。あるいはなくしてるんです。

カズさんよく中東のね、例えばＵＡＥとかあるいはさっきのサウジアラビアとか、すごい夢がありますよね。そのリーダーがですね、僕の先生あのシンガポールのリー・クアンユー先生だったけど、ビジョンを示してそしてそれを即やる人なんです。僕はそういう先生方に習ってきたから、松下幸之助さんもそうなんです。ビジョンを示して即やると。ちょっとＵＡＥの話をしていただいていいですか？

リーダーシップによって実現したドバイの繁栄

石田：うん。皆さん、ドバイっていう街、ご存知だと思うんですけど、四〇年前は本当に貧しかったんですね。ドバイって言うとなんかお金持ちのイメージがあるかもしれないけど、すごい貧しかった。その中からじゃあどうやって経済を作っていくかっていうので外国企業をたくさん誘致してフリーゾーンっていうのを作ってきたんです。そのために外国の企業とかがビジネスしやすい環境とか、法律とか、制度とか、色々整えていって今のドバイの成長があるんですけどね。

僕はずっとあの地を見てる。短期間でものすごい勢いで成長してきたんですよ。そこにはもうほとんど税金はないんですね。税金はない、税金がないのって石油が出てるからじゃないのって思うかもしれないけど、ドバイは石油はほとんど出ないんですよ。石油はないけれども、知恵とアイデアで、あの街あの成長を作ってきたんですね。

あそこのシェイク・ムハンマド・ビン・ラーシド・アール・マクトゥールという方はものすごいリーダーシップがあるんですけど、ものすごくいつも急いでるんですよね。どんなプロジェクトもものすごく早い。すぐに決断してすぐに行動して、すぐにもうプロジェクトとか事業計画とか、ボンボンボンボン出しちゃうというぐらいものすごいスピード感ある人なんで。一〇年前ぐらいにですね、イギリスのＢＢＣのインタビューを受けたんですよ、シェイク・ムハンマドが。「王様、なんであなたはいつもそんなに急いでるんですか」と。「そんなに急ぐ必要ないでしょ」と、そういうインタビューを受けた時に、その王様が答えた回答は「私は今の国民に一〇年後とか二〇年後に豊かになってもらいたいわけではない。今の国民に今すぐ豊かになってもらいたいから、だから急ぐ必要があるんです」と。そういうような回答をしたんですよね。

で、それに対してやっぱりドバイの国民もみんな歓喜しますよ。王様についていけ、と。このリーダーについていけ、と。この人についてったら間違いない、みんながそういうふうに思うから、ドバイというのはさらに一丸となって国全体がまたさらに前に突き進むという。本当に勢いがあるのはやっぱり一人一人の国民の支持があって、それによって王様もそれが原動力になるし、そういった原動力を持って突き進む王様にまた国民がついていくし、ということでものすごい循環が生まれてるんですよね。ものすごく豊かになってきている。経済的にも。心的にも。だから世界中があの地を憧れて、ドバイというところに憧れて、移住をしたり、会社を作ったり、ビジネスを始めたり、そういうことが起きてるんだけど。

そのドバイに追いつき追い越せで今周りの国々、サウジアラビアとかクウェート、カタールとかも今同じようなことやって、もうその競争が起きてるんですよね。その競争がスピード感はもう半端ないですし、ドバイに行って日本に帰ってくると、ぶっちゃけ日本止まってます。止まってる本当に。「検討に検討を重ねます」って言ってる、首相がね。検討ばかりしてるわけですよ。それで何、「速やかに実行することを検討いたします」、どこまで検討するのか。本当、検討士でしょ。

ドバイもサウジもクウェートもカタールもそうじゃないんですよ。もう今すぐ実行する、ビジョンを描く。で、「from vision to reality」というビジョンを現実に変えていくということが、やっぱりあの地域のリーダーがもうみんなやってるんですけど、もはや政治屋さんではないんですね。彼らは株式会社ドバイの経営者です。国家経営者。国家経営者がやっぱり日本のトップに立たないとダメだと思うんですけど。リー・クアンユー先生もそうだし、シェイク・ムハンマドもそうだし。

五〇年後、一〇〇年後の国家財源を作る

及川：カズさんね、まさにそのドバイとかＵＡＥとか、今言われた部分と〝政府系ファンド〟っていうのでお金貯めてるでしょ。あれね、私、カズさんから色々教えてもらったんだけど、ちょっとその話をしてくれませんか？

石田：うんうん。〝政府系ファンド〟っていうと、要は政府がビジネスをやってそれの蓄積されたお金を政府が運用したり再投資をしたりっていうのが〝政府系ファンド〟なんですけど、日本だとね、ＧＰＩＦは年金積立金を運用してるから政府系ファンドなんじゃないですかっていう人はいるんだけど、あれ政府がビジネスで儲けたお金を投資して儲けたお金じゃなくて、あれ俺たちのお金じゃないですか。僕らのお金を預かって、彼らがまあ、勝手に運用してくれてるだけなんですよ。そうじゃなくて、〝政府系ファンド〟っていうのは「政府がビジネスをやってる、投資をやっている」。それが政府系ファンドなんですけど。例えば、ドバイも、アブダビも、サウジアラビアも、カタールも、みんなあのへん

はもう何年も前から政府系ファンドっていうものを作って五〇年後、一〇〇年後の国家財源というものをきちんと一〇〇年先まで読んで作ってるんですね。

及川：カズさんあれでしょ？アブダビでしたっけ、その政府系ファンドの。直接行って会って話とかしてるわけでしょ。

石田：会って話したし、アブダビ投資庁のCIOと一緒に本を書きました。共著で、昔ね。そのぐらいけっこう色々と裏の話もね、たくさん聞いてきたんですけど。なんかやっぱりあのアラブ社会の人たちがすごいのは、アラブの王様たちがすごいのは、あの昔の僕らのアラブの王様のイメージってなんか無駄づかいしているイメージってすごい強かったと思うんですよ、オイルショックの頃とかでも。今のその若いリーダーがどんどん出てきて、彼らはやっぱり「石油がいつかピークアウトする」っていうのをものすごい危機だと感じてるんですよね。石油がピークアウトするっていうのは、〝石油が枯渇する〟わけではなくて〝石油はいずれ売り物にならない時代がやってくるかもしれない〟で、特に西側諸国が仕掛けているSDGsとか、そういう脱炭素ビジネスとかあるじゃないですか。ああいうような仕掛けにこうやってうまく巻き込まれてしまうと、産油国はもう収入源はなくなっちゃうわけですよ。

特にサウジアラビアなんか、ＧＤＰのほとんどを石油で賄ってるので経済の多角化とか、あと将来のための資金を作っていかなきゃなんないっていうのは急務なんですよ。ある意味崖っぷちに立たされているので、そのあたりの危機感を持っているリーダーが、もう一刻も早く動かなきゃならないっていう、その危機感は満載だというのが実は彼らの思いで。

僕らから見てるとね、産油国、石油を掘ってお金持って儲かっていいないいなで、うらやましいななんて思うけれども、でも石油持ってると金持ちになれるかっていうと意外とそうでもない。世界を見渡すと〝産油国の方が貧しい〟っていうケースの方が多いんですよね。石油持ってて、それをうまく利用して豊かになれてるのなんて一部の国で、世界を見渡すとリビアに、イラクに、ベネズエラに、ナイジェリアに。これみんなＯＰＥＣでしかも産油国でたくさん石油持ってますけど、みんな貧しいままじゃないですか。だから石油を持っててそれで豊かになれるっていうのは、やっぱりストラテジーがすごい必要というか。あと強力なリーダーシップが必要で、戦略がないと産油国だからといって豊かになれるかっていうとそうじゃないんですね。

及川：そういう意味でね、今日、私がここに来させていただいて、原口一博さんの立憲民主号外…会報ですね。皆さんもね、もらったと思うんですけど。この裏面の方で消費税のことが出てますよね。「消費税というものの存在に慣らされてしまっているけれど、これほど非情な税はない」っていう。

今カズさんが話してくれた中東の例なんていうのは、まさに政府が自分でビジネスをやってお金を増やして貯めて。その分で税金ないわけでしょ。

石田：ユキさんも去年のＮＨＫの放送の時に無税国家っていうね、松下幸之助さんもその話をしてて。

及川：だから原口さんは松下幸之助先生のやっぱり遺伝子を受けているので、やっぱりこの税のところの感覚が他の政治家と違うんですよね。石田カズさんはやっぱり中東のこういう税金のないところを直に見て知ってるから。

我々、実は私もそうなんですけど、この三人の共通点は消費税やめろってところですよね。

原口：そうですね。成長するためには一刻も早くなくさないといけないね。

及川：うん、これね、私、消費税っていう税金が三三年前に日本に導入されて、もういつの間にか一〇%で、まさにこれ見てそうだなと思って。慣らされちゃってるんですよ、我々。この中に書いてあるけど消費税っていうのは日本弱体化装置だっていって、とにかく消費税を本気で廃止しようとしてる国会議員ってカズさんしかいないんですよ。

これね、今もう恐ろしいことにみんな慣らされちゃってると思うんです。消費税をなくそうなんて本気で思ってない。無理だと思ってるからみんな。消費税があるのが当たり前みたいになっちゃってると思うので。だけど、原口さんが言う通り、日本弱体化装置だったら、とにかく一日も早くなくさなきゃいけないですよね。

原口：そうですね。僕、政府税制調査会の会長代行で。政府税制調査会ってトップだった。

トップになってみて思った。

消費税っていうのは付加価値税でありですね。今いくつかの労組の会長してるんですね。昨日NTT労組だった。その前がJP労組だった。その前が自治労だった。

その方々にですね、計算してくださいって言ったんです。何をかというと、〝仕入税額控除〟。〝仕入税額控除〟っていうのはどこかにメモっておいてください。これ何かっていうとですね、外注すれば外注するほどその事業者が支払う消費税は税額控除できるから少なくて済むんです。この間どんどんどんどん雇用が不安定化したでしょ。僕らちょうどもう六〇を超えてですね、友達があの期間任用のあれで市役所とかに勤めてます。そうするともうね、涙流してる。年金も来ない、どんどんどんどん貯金も減ってる、どんどんどんどん不安定で賃金を下げるんです。

だから今日、連合の仲間も来てくださってるけど、昨日もNの委員長に頼んだあと（具体名言っちまった）計算してみてくださいでっかい企業、日本郵政でも何でもいい。あなたの企業が一〇〇％正社員である時の支払う消費税と一〇〇％外注した時の消費税とどのぐらい違うか。ものすごく違います。つまり正社員をなくそうっていう、まさに竹中さんがやっておられるようなことに立憲民主党は手伝っちゃだめなんですよ。これ利権です。

消費税は利権なんです。

今日はこのことについてあまり言う時間がないんで、二つのことだけ覚えといてください。一つは、消費税は雇用を不安定にし、そして賃金を下げる。見てください、このグラフ。僕のに書いてあるでしょ。消費税を上げた時には思いっきり賃金が下がってるわけです。今年消費税上げてますよ。税率一〇%で変わらんけど違います。インボイスです。これもカタカナ語でしょ?カタカナ語の時は?うん、そう〝騙すとき〟。

インボイスって何かっていうと、これまで一〇〇〇万円以下の人たちは消費税は価格転嫁ができないから消費税は払わせちゃいけませんっていう法律だった。今度は払いなさいってことになる。どんだけひどいですか。

さっきカズさんに言ったのは政府系ファンド、これ僕が大臣の時に、これテマセックモデルっていうんですね。つまり皆さん、私たちの財政は皆さんから絞り取んなきゃ、税金を絞り取んなきゃ成り立たないような国じゃないんですよ、日本は。日本は世界最大の債権国であって、世界に貸し込んでるんです。でもね、アメリカ行ってみて思った。なんか借りてる方がえらい余裕こいてんですよ。こんなね金利が上がっててね、ねえ? ユキさん。アメリカの議会でとかいろんな経済人とかとも話したけど、えらい余裕こいてる。踏み倒す気だな。これ踏み倒す気。岸田氏が「皆さん投資しましょう」って言ってるじゃないですか。岸田氏が言ってんの聞いたらだめですよ。

今、対日投資ってのは四六・一兆円なんです。それを一〇〇兆円にするって言ってんです。でもね、消費者を守るそういう仕組みがないから餌食なんです。僕のチャンネル若い人が多い、YouTube ってだいたいご高齢の方が多いんですよ。この中で僕の YouTube チャンネル登録なさってる方、おおすごいですね。なさってない方は隣の方に聞いてください。ちょうどね五〇万人まで行こうと思って。ユキさんがそうですね。

なんでこれやってるかっていうと、利権を食ってるとこがメディアを支配してるから本当のこと言わないんです。冒頭の注射のところもそう。オスプレイのこともそう。四三兆円も防衛費増やしてどうすんですか。増やすんだったら自衛隊員さんのお給料でしょ。学校の先生のお給料でしょ。皆さんのお給料増やすでしょ。こんなガラクタ買ってどうすんですか。このガラクタがね、しかも落ちるガラクタですからね。あれ普天間に二三機あったんですよ。今何機ですか、あれ。オスプレイ、普天間にいるの。今二〇機になってますよ。三機どこ行きました？一機は不時着って言ってますよ。水面にぶつかってバラバラになるのがあれが不時着ですか。いい加減にしろって言いたいね。

ちょっと時間があとわずかになってきました。

テマセックモデルっていうのをですね、優勢にしようと思っていて。それは何かっていうと私たちはものすごい強い国家に、強い経済、強い力をまだ持ってるんです。だけど運転手がもうヘボ。もう右も左もなんもせん。ていうか要するに絞り取ることしか考えないわけです。僕らは絞られ役じゃないでしょ。そして、アメリカ様の言うことは全部聞くわけですよ。

日本に原爆を落とすことが一九三九年に決まっていた

原口：今回アメリカに行ってね、恐るべきことをユキさんと一緒に聞いてきたんです。

北東アジアの核をなくすと。皆さん、南半球は核の傘かぶってないですよ。南半球は全部非核の傘です。北半球だって七つの非核の傘があるんです。それをアメリカの国会議員と韓国の国会議員と、来年はですね、中国に行きます。中国に。そしてロシアには「入国禁止を解け」と言ってきてください、て。ふざけとんね。なんで入国禁止になってるかっていうと、委員長だったからです。要するに、国会の一定以上の立場の人は全部入国禁止です。でもね、ロシアが言ってる方が正しいのいっぱいあるんですよ。それは今日は言えないけど。

及川：今日この様子をカズさんのXでライブ配信してますよね。

原口：ライブ配信してた忘れてた！

及川：カズさんね、もうね、一万六〇〇〇回も再生されてて、すごい数聴いてます。私のXで六〇〇〇回再生されて、合計で二万二〇〇〇回も再生されてるの。二万人の前で話してるって感じです。

原口：忘れてた。何でしたっけアメリカ？

及川：アメリカ！そうそう、今回ね、私、カズさんの取材ってことでネットチャンネルとして行かしてもらったんですけど、でもそこで出会ったのがマキジャニっていう、ものすごいインド系の科学者で。この人の専門は色々あるみたいなんだけど。あの日本の広島と長崎に落とされた原爆、これを誰よりも詳しく調べて、隠されてた真実を我々に教えてくれたんですよね。

一回目（一日目）お会いした時にそれで十分じゃなかったってことで、もう一回お願いして来てもらって。カズさんね、あの時の二人でずっとあの話聞いたじゃないですか。レストランで聞いたから、騒音が多くて。私あの録音取ってたんですけど、これでちょっと騒音の部分とってなんとか文字起こしできたんで、後でちょっと共有しますね。

原口：すごい話だよ。

及川：要は、一九四五年の広島と長崎の原爆投下。これは日本とアメリカの戦争が始まる前から決まっていたっていう話なんですね。つまり、あの原子爆弾という兵器、新しい兵器をアメリカ政府が開発したマンハッタン計画ってことで。でもそのためには膨大な予算が必要だった。その予算を当時のアメリカの議会が通した。通した以上は新しい兵器を完成させて、使って見せて、投資したお金がこんなに効果があったってことを示さなきゃいけない。だから最初からどこでかで決まってたっていう。それがドイツではなくて、ドイツか日本かしかなかった。それが日本だったたって決まってたっていう。

それがね、やっぱりドイツはやっぱり同じ白人の国なんで、だからあの有色人種の日本にしたのかなと思ったらそうじゃなくて。ドイツにもし落とした場合それが不発弾になったらリバースエンジニアリングっていって、ドイツの科学者が手に入れて中身解剖して技術が取られてしまうので、日本だったらそれができないはずだから、て言って日本に落としたっていうんですよ。もうとんでもない話というような話を聞かせていただいて、私が思ったのは日本は世界で唯一の被爆国って言いながらその核兵器のことを原爆のことを、真実を、実は知らなかったと。アメリカが言っている広島、長崎のプロパガンダのうそをそのまま教わって未だに八〇年間信じ続けているっていうね。これを知っただけで大きいですね。

原口：大きいですね。これ一九三九年に日本に原爆を落とすことが「マンハッタン計画」を計画した人たちの中では決まっていたと。一九三九年です。パール・ハーバーが一九四一年の一二月八日ですよね。その二年も前に決まっていたんだと。

日本はですね、このアメリカに原爆投下について抗議したことは一回もないです。公式で抗議したのは、大日本帝国が一九四五年の八月一〇日、つまり長崎に投下された翌日。「なんてことすんだ」と「戦争犯罪だ」と、言っただけなんです。あとは何をやってるかというと、日本の被爆者であるにも関わらずアメリカのロスアラモス研究所、ＡＢＣＣ、これ原子力研究所（原爆傷害調査委員会）、それからペンタゴン、これはアメリカ国防総省ですね。それからアメリカの外務省にあたる国務省が言ってるのをそのまんま日本が言ってるんです。

だから、唯一の戦争被爆国である日本がずっと腰が引けてるから、ちょうどこの同じ時間に僕らの仲間が今アメリカにニューヨークに行って核禁止条約の議論をしています。皆さん、世界で六〇〇〇発のアメリカの核、五〇〇〇発のロシアの核、そして何百発持ってるかわからん中国の核、そして北朝鮮。そんなものに囲まれてる国ないんですよ。日本がこんだけ弱腰だから核廃絶が進まないんです。核戦争の危機はですね、お前に核を打ち込んでやるっていって始まんないんですよ。

レクだって長崎大学の鈴木達治郎教授が昨年、〝二五の核戦争のシミュレーション〟というのを出されました。その中の最大のものは何かというと〝ミスコミュニケーション〟です。〝誤解〟です。皆さん覚えておられません？今年の四月一三日何がありました？午前八時に北海道に北朝鮮のミサイルが着弾しますって言ったんですよ。皆さん逃げてください。頑丈な建物の中に避難してください。地下があったら地下に逃げてください、窓から遠くに行ってください。地下どこにありますか？しかもそれはもう七時半の段階で誤報だってわかっていたのにそれを流したんです。

岸田氏は、敵基地攻撃能力とか反撃能力とか言ってますけど、あんな反撃能力なんか持っちゃおおごとですよ。もしあの時に日本が反撃してたとするじゃないですか。だって落ちるんだから、北海道に。反撃してたらどうなります？うそだったじゃないですか。日本はトマホーク、あれもぼったくられてんですよね。だって一機一億円ですよ、あれ。いつの間にかなんで五億円になってんですか。どさくさに紛れて。しかもあれ飛行機より遅いから。まあ役に立たんちゃ役に立たんけど、なんでこんなのね、買わなきゃいけないのか。

カズさん、最後に僕のチャンネルって若い人が多いんですよ。ここに来られてる方は心が若い方ばっかりだけど。僕は若い方々に、うち政策インターンが一五人いて、彼らに青い空を見せたいんです。インドと五〇〇〇人のチェンジプログラムをやろうとしたんです。世界は広くて、世界はずっと握手しまくってるんですよ。今回イランとサウジアラビアが歴史的に手を結びました。それは本当だったら日本が仲介しなきゃいけないのを、中国が仲介したんですよ。そして岸田氏は何しに行ったかいうと、楔を打ち込みに行ったんですよ。平和な人たちに楔を打ち込みに行く。で、「ＹＯＵは何しに中東に？」って言われた。僕の中東の友達も本当に怒って「もう出すなよ」と。外に出るたびにもう莫大なお金をこう約束なさってるでしょ。

で、僕はカズさんに聞きたいのは、カズさんとユキさん最後に聞きたいのは若い人たちに外側を見せてほしい。お二人はいろんな地域にも行かれてるじゃないですか。政治上にもいかれた。日本は真ん中が腐ってるけど地方は生きてるんです。佐賀もそうです。

最後に、そういう若い人にメッセージを、例をあげながら言っていただけませんか。

若い人たちへのメッセージ

石田：若い人へのメッセージはもう一言で言うと〝これからはインディペンデント〟。もう会社にも依存せず、国家にも依存せず、どこのどんな状態に行っても自分で飯が食える状況を一人一人が作っていかなきゃいけないなと思います。これから経済がね、悪くなるのか良くなるのかわからないけれども、今お話に出てきた消費税の話とか、今の政府が向かっているいろんな方向性とか政策とかで、そもそも少子高齢化で日本の人口がどんどん減少していくとかね、そういうことを考えた時にやはりどこかの会社に就職してその会社に勤めていくっていう、そういうライフスタイルはもう崩壊だと思います。

その上でやはりインディペンデント。これはね及川ユキさんとももうよくそんな話をしますけれども、じゃあ何をしてインディペンデントすればいいんですかっていう話なんですよ。その上でまやっぱり何でもいいので、やっぱりSNS、一つはね、Xでもインスタでも TikTok でも YouTube でも WeChat でも Facebook でも何でもいいと思うんですけど、何か一つ、とにかく一生懸命ＳＮＳをやってたくさんのフォロワーをつけておくということは、どんなビジネスを始めるにしても何を売るにしても多分ゼロから始めるよりは全然優位性があると思います。そして、やっぱりこれからは日本国内だけではなくて世界ですよね。世界とつながるために一番手っ取り早いツールはＳＮＳです。なので、インディペンデントするために、ＳＮＳを徹底的に本気で何か一つ頑張ってやってみたらいいんじゃないかなと思います。これがメッセージですね。はい。

及川：本当にあの若い人にということで考えると、私は〝税金のない日本〟っていう夢を一緒に追ってほしいなと思うんですよね。

カズ原口さんの先生は松下幸之助さん。松下幸之助さんが昭和の時代の時に「私の夢・日本の夢」と言って描いたのが日本が無税国家になっている。無税国家になった日本がものすごい発展して、世界中の国が日本に視察に来る。どうしたら日本みたいになれるんですかって視察に来るっていう。そういう夢を幸之助さんが描いていて、それが本当だったら今頃もう実現しててもおかしくない。でもそれを実現してるのは、実は中東なんですよね。シンガポールであり、さっき原口さんがリー・クアンユーのお話をされましたけど、まさにシンガポールで実現しつつあるし、中東で実現しつつあるっていうね。しかしそれを言ってたのは松下幸之助先生なのに、日本は逆行っちゃってる。

さっきも触れましたけど、まずは消費税をなくして、これはねもうね、原口さんしかいないですよ。日本の政治家の中で本気で消費税なくそうって思って「日本弱体化装置」だって言ってる人って原口さんしかいないので。これは、原口さんだけじゃなくて、私たちも思わなきゃいけないですね。今日お集まりの皆さんとか、この今ライブ聞いてる皆さんとかね、私たちも消費税はなくすんだと。これをね、思わないと次の若い世代に松下幸之助さんが描いたような夢の日本を渡せないですよね。だからまずは消費税なくして、もうちょっとシンガポールとかドバイとかに遅れを取ってるけど、日本こそ税金なくしましょうよ。そういう風にしたいです。

原口：本当、お二人ありがとうございました。僕からも最後、心の若い方、年齢の若い方にメッセージ。強く立ち向かいましょうってことですよね。逃げるのはありです。

一五人政策インターンがいるって言いましたけど、彼らが一番何を恐れてるかっていうと、ブラック企業に就職することです。名前はいいけども、ひどい企業に行って人生ズタボロにされちゃたまんない。官僚機構もそうですね。ちょうど総務大臣の時にその自分の部下の人たちを早くお家に帰すことができた人を上に上げていきました。明るくあったかい、この逆が暗く冷たいですね。沈む船の中のイス取りゲームを強いられてるんです。で、なんて言われてるか、若い人たちが。「あなたが努力しないからダメなんだ」と。「あなたがいるから日本がダメなんだ」。

違うんです、あなたも私もあの人もいるから日本なんです。いなくていい人なんかいないんです。それを佐賀の「弘道館教育」これ、「輪読」っていうんですね。弘道館教育は何かっていうと、お互いがお互いを高め合う、お互いがお互いを協力して育てていく。協力の〝協〟に〝働〟くと書いて〝協働教育〟っていうんです。人間がつながればつながるほど強い。人は人によって生かされるって言いました。

私は、正直一月二七日にこの時点で、この世にいるとは思わなかった。多分いられないだろうなと思った。一生懸命、それで原因を探していった。探していく中でいろんな今まで知らなかったこと、テレビとかだけ見てたんじゃわかんないこと、新聞だけ見てたんじゃわかんないことに気づいたわけです。気づいたら行動ですね。世界は明るく暖かい方に動いてます。私たちの周りは、たまたま戦争屋やディープステートがいて、暗く冷たく、中国と仲違いしろとか、半島の人たちと仲違いしろとか。だって人工衛星を打ったのに、非難決議してんですよ。ガザの虐殺については何にも言わんですよ。恥ずかしくないですか。やっぱ国会を変えられるんです。今が一気に変えるチャンスです。頑張っていきたいと思います。

今日は本当にありがとうございました。二人に大きな拍手を。

本当にありがとうございました。

［拍手］

司会：皆様どうもありがとうございました。これで「原口一博がん寛解お礼の集い『不死鳥の会』」を終了させていただきます。

本日は誠にありがとうございました。

第2部　カズ・カズ・ユキ鼎談

まずは日本の独立自尊

原口：皆さんこんにちは。衆議院議員の原口でございます。
今日はもう大好きな及川幸久さんと石田和靖さんと、本の打ち合わせでございます。昨年の一一月に「不死鳥の会」ということで鼎談させていただいて、それをもとにさらに広げる形で、このところでは例の注射については言いません。これはまた、本の中で本を買っていただければわかるということで、よろしくお願いします。
ユキさん、今日もどうぞよろしくお願いします。

及川：よろしくお願いします。

原口：今カズさんが、打合せでまだ準備中です。
ということでですね、さっきまでYouTubeで言えないなんとかの議連の総会をやってて、イギリスからテス・ローリーさんが来られてですね、約二時間、本当に濃密な議論でありました。ぜひ皆さんご覧ください。

そしてその後、アメリカからですね、〝日本の今食い物にされている産業をどう立て直すか〟っていう話をやりました。日本はいろんなものが生まれるところなんですね。生み出すところなんです。

ところがね、政治が逆に言うと〝プレデター〟って僕は言ってるんですけど、捕食者っていう意味ですね。恐ろしいのがあったでしょ。あれです。日本の政治って、今まで「保守」とか言ってるのがですね、逆にその「保守」でなくて「保身」で。自分の保身だけやってればまだあれですけども。そうじゃなくて、向こうの〝プレデター〟と一緒に日本企業を差し出すわけですね。特に最悪なのは、よちよち歩きのベンチャー企業のときに食われますから、そのときにいまだインボイスだなんだとかっていう余計なことといっぱいやらせてるでしょ。それを守るのが僕らなんですよ。本当はね。

この間、原丈人先生がアメリカから例の条約の件で、わざわざニューヨークから飛んで来られてですね、「この件で来た！」っておっしゃるわけですよ。YouTubeで言えない例の僕の質問主意書の件で来たんだと。お前がこれを出しただろうと。協力に来たんだっていうことですから、原丈人先生は『「公益」資本主義』っていう本がありますけども、それ何かっていうと、まさに松下幸之助さんや稲盛和夫さんのように、「企業っていうのは社会のためにある・お役立ちのためにある」っていう考え方ですね。

だから、よくアメリカが弱肉強食っていいますけど、ユキさんもおわかりの通りアメリカでは一年以内になんと三九・六％のキャピタルゲイン課税が来るんですよ。で、それに地方税ですよ。日本ないですよね。二〇％でしょ。もうそういうでっかい金は、日本目掛けて来るわけです。日本の一番おいしい。だって鶏肉だって若鶏の方がうまいでしょ。年齢を経た鶏よりね。それを丸ごと食われちゃってるわけですよ。

だから僕らがやんなきゃいけないことは、まず日本の独立自尊。この独立自尊をいってると、じゃあ軍備拡張だなんだっていってるけど、あんなもん〝蟷螂の斧〟で、まさに今回も「トマホークを五〇〇機買い込む」とか言って、「ブロック5だ」とか言ってたのが、「早く入れなきゃいけないから半分はブロック4でやる」と。でも五億払ってるわけですよ、一機。それブロック4にしたら四億で済むんじゃないですか。で、しかもなんと向こうは部品が足らんから、金を渡して、そして物は来んて、いつ来ますか。敵基地攻撃能力とかにいつ来ますか。一〇年後ですか。一〇年後に今の型落ちのマッハ二ぐらいのが来て間に合いますか。だからそういう時はね、やっぱり〝独立自尊〟と〝善隣友好〟なんですよ。隣の国と揉めていいことは全くない。
カズさんのこのセッティングが終わったらお話いただけますか。

石田：はいオッケーです。

原口：じゃあこれから本番です。
「越境3.0」で行きましょうか。

石田：行きましょうか。

及川：ＯＫです。

石田：こんにちは！カズです！

原口：こんにちは！カズです！

及川：こんにちは！ユキです！

三人：越境3.0！（拍手）

石田：はい、やっぱこの三人が集まるとねなんかパワーもらえます。

及川：お互いそうです。

原口：私は穏やかさをいただきます。

及川：はい、今日はカズさん、カズさん、ありがとうございます。

原口＆石田：ありがとうございます。

及川：実は前回この三人でライブ配信したのが七月の八日。ええと、まだどのぐらい？二〇日ぐらい前か。

石田：そうです、そうです。あの時に思いついた企画ですね。

及川：そうそう。それが昨年の一一月、原口カズさんのがん寛解の！

原口：「不死鳥の集い」！ありがとうございました。

及川：それが佐賀であって、そこに石田カズさんと私を招いていただいて、三人で鼎談みたいな。

原口：あれ文字起こししていただいたけど、皆さんすっごい惹きつけられて、またやってくれっていう。

及川：良い内容でしたよね！

原口：良い内容でした。

及川：とってもいい内容だったって。それを、その時に「それを本にしたらいいんじゃないか」。

原口：ユキさんからね。

及川：あれはカズさんから言ったんだ！

石田：これ本にしたら絶対面白いって。

及川：そうそうそう。ビジネス感覚がすごい。

原口：すごい。やっぱりね、中東で揉まれておられますし、世界にお友達がいますし。なんといってもお二人ベストセラー作家ですから。

及川：で、今日は実はその時、ライブでね「本にしましょうか」って言ったら、早速出版社の方が来ていただいて。ありがとうございます。

原口：ありがとうございます。

及川：名前言ってもいいですよね？三和書籍さん！

原口：これね、『食卓の危機』っていって遺伝子組み換え食品と農薬汚染。今日もこのテーマで、議連の中でもこの話が出たんですけども。

今日は例の農水大臣をしてくれた方も来られてですね。

及川：安保徹先生の本で私は三和書籍さんを初めて知ったんですけど、安保徹先生ってやっぱり免疫力のことを最初に日本で言われていた方で。

石田：そうですよね。だからこういう〝食〟〝健康〟とか。

及川：そうそう。そういう本をたくさん出されてですよね。

原口：大事ですよね。堤未果さんはパートナーが僕の同僚だけど彼も議連で役員をしてくれてるんですよね。それから社長さんがなんていってもね、言っていいですかね、岩手の方っていうのはいいですよ。俺、嫁さんが岩手の生まれです。

及川：私の本家、及川家の本家も岩手です。同じ「水沢」だったっていう。つながってるんですよね。

原口：「水沢」といえば、小沢一郎さん。

ChatGPTが俺を翻訳したら、原口一博ってやんなくて小沢一郎っていうんですね。なんかふざけとらせんかChatGPT。

及川：本当すごい話ですね。

で、小沢一郎先生とは原口さんは非常に縁が深い。

原口：一九九六年初当選の時に小沢党首補佐役八人の一人だった。お目付役、監視役、足蹴飛ばし役…。

及川：それ以来長い長いお付き合いで。

原口：ご指導いただいて。

及川：ということなんですけど、さあ、今日はその去年の一一月の「不死鳥の会」の続きでもあるし、前回七月（今月）の頭に三人でこの場でお話ししたのと続きなんですけど。前回の「不死鳥の会」でいろんな論点語られたんですけど、そこで語ってなかった点からいきましょうか。

原口：はい、どうぞ。

BRICSの共通のコンセンサスはドル排除

及川：これね、意外とBRICSのこと出てなかったんですよ。

石田：ああ、そうか。

原口：あれねもう当たり前だから言ってないんだ。

及川：ちょっとこの三人当たり前すぎて逆に触れてなかった。

それからBRICSが拡大BRICSになって、今年から新たなBRICSのメンバー入ったわけでしょ。

石田カズさん、ＢＲＩＣＳの今、今の状況どんな感じですか？

石田：これね、やっぱりＢＲＩＣＳってもともとはブラジル、ロシア、インド、チャイナ、南アフリカでこの五カ国って向かってる方向バラバラだし、それぞれが若干対立気味でもあるからね。

及川：だってインドと中国、戦争ですよ。

石田：そうですよ。中国とロシアだって、あそこは今仲いいけど。

原口：イランとサウジアラビアね。まあＢＲＩＣＳじゃないからあとだけど。

石田：うん、だからその五カ国ってなかなかこの一つになれなかった。だから仲良しサークル程度みたいな感じで、見え方は。やっぱりなかなかＧ７にとって脅威でもなんでもなかったんですね。

原口：なるほど。当時はね。

石田：当時は。でもそれが、要はバイデンのウクライナ戦争で一番やってはいけない、ドルの武器化なんですけど、それによってＢＲＩＣＳが一枚岩になってくれたんですよ。

原口：そう。

及川：バイデンのおかげか！

原口：バイデンのおかげなんです、これは。ロシアをね「SWIFT」（スウィフト）から追い出したら、プーチンさんって柔道得意じゃないですか。巴投げ喰らうよって何回も言ってたけど、もう逆にＢＲＩＣＳの方が強いじゃないですか。

石田：ＧＤＰも人口規模も、もう全然Ｇ７よりも上行ってますからね。ロシアがドルの武器化によっていろんなコモディティ持ってるから強かったけど、でも世界中の小さな国々、例えばバングラデシュだったりタンザニア、ケニアとかだったり。ああいう国みんな石油買ってるじゃないですか。買ってるのに自分たちの国の通貨で払うことができないから、ドルを払って石油を買うわけですよね。そんな国がドルの制裁なんかやられちゃったらひとたまりもないわけです。バングラデシュとかね。もう今日から石油入ってきませんよってことになっちゃうから。

だからロシアの制裁を見てて、「うちこんなんなったらまずいな」と。「ドルに依存してたらまずいな」と。「だから一刻も早くドルから脱却していかねばならない」って思った国々が、世界中のもう百何十カ国なんですよ。それらが磁石のように、だったらどうすればいいかって。ＢＲＩＣＳはドル排除して「共通通貨つくるよ」って言ってるから。「じゃあ俺もＢＲＩＣＳ入れてくれ」みたいな。「私も入れてくれ」「君も入らないか」みたいなね。

及川：こっちのカズさん説明が本当にうまいんですよ。

原口：だってベストセラー作家だから。

及川：もうすごいっすね。

原口：いや、もうカズさんおっしゃるように、去年二〇二三年っていうのはもうＢＲＩＣＳにとっちゃ画期的な年なんですよ。Ｇ７のＧＤＰを超えた年なんですよね。そして今年の一月一日にＢＲＩＣＳプラスが加わって来て。拡大ＢＲＩＣＳ。だからユキさん、去年の今頃じゃないですかね？〝５Ｒ〟っていってＢＲＩＣＳ通貨つくんじゃないかって。

石田：決済通貨なんだけどブラジルのレアル、ロシアのルーブル、中国の人民幣（レンミンビ）。

及川：インドのルピー、サウスアフリカのランド。

原口：全部「Ｒ」なんですね、なぜか。
不思議ですね。実際でもそうやって、要するにペトロダラーからもみんなが逃げてって。

それこそ自国の通貨で決済させようと、今それを一心に支えているのがＭ、日本なんですよ。

及川：たくさん落ちて行くドルを支えるのは。

原口：ベシャーって潰れてるんですよ。

石田：共倒れですよね。

原口：共倒れっていうか、僕はアメリカは倒れないように下の方で支えてる方が潰れてます。「やめてくれ、俺らも逃してくれ」「お前らだけ逃すもんか。ちゃんと支えろよ」ってね。エレベーターがこうする時に下にあるじゃないですかあれですよ。

石田：そういう状況だからＢＲＩＣＳががっちりと今一枚岩になってるわけですよ。彼らの共通のコンセンサスはドル排除。みんなで共同体作りましょう、と。いろんな国々が入ってって、もう今加盟申請の順番待ち。
これがですね、ＢＲＩＣＳの狙いとしては基本的に産油国から優先的に入れてる感があるんですよ。

及川：なるほどね。

石田：だって一月一日がサウジ、ＵＡＥ、イラン、エジプト、エチオピアなんですけど。このサウジ、ＵＡＥ、ＯＰＥＣですよ。

原口：湾岸諸国ね。中東の産油国。

石田：で、その次に入ってきたので、まず東南アジアのタイが入ったんですけど、そのタイが入った直後に僕とカズさんとライブ配信やってって。これね、タイが入ったってことは多分近々マレーシア入りますよ、と。なぜならタイとマレーシアって隣り合わせでお互いに国境近辺で経済特区とかやってるし。両方とも中国との経済協力推進してる国なんですよ。で、お互いがね、意識してるの。マレーシアとタイって。だからマレーシアはタイのことを意識してるから、タイが入ったらマレーシアも入るだろうと。なんかそんな感じですよねってカズさんと話してたくらいなんですよ。

原口：だいたいカズさんがおっしゃったことの一ヶ月、二ヶ月、三ヶ月後、必ず当たる。

石田：次マレーシアがＢＲＩＣＳ入りますよ～なんて言ってたら、その翌週ですね。本当に申請してた。

原口：いやもともとね、マレーシアといえば“Look East”といって日本を見習ってきた国なんですよ。

石田：まあね。

原口：“Look East”っていってるけど、あれは“Look Japan”だったんですよ。今逆に“Look

Japan"っていう人本当少なくなりましたね。いや俺らは日出づる国日本を復活させなきゃいけないんですよ。で、今のカズさんのお話の流れでいうと"New Sisters"ね。これが全部BRICSに入ると。

石田：新しいSeven Sisters。七社の石油メジャーがこれが世界の石油を支配している構図なんです。

及川：その七社、New Seven Sistersはまずどういうのが入ってるか。

石田：New Seven Sistersはまずロシアのガスプロム、中国のペトロチャイナ、マレーシアのペトロナス。

及川：ここでマレーシア出てくるわけですね。

石田：そしてイランのイラン国営石油、サウジアラビアのサウジアラムコ、ベネズエラのＰＤＶＳＡ（ベネズエラ国営石油）、ブラジルのペトロブラス。この七社が、昔の欧米のSeven Sistersにとって代わる新たな石油メジャーの七社なんですね。これが新Seven Sisters。Seven Sisters に対して新 Seven Sisters。

及川：その新 Seven Sisters は全部入ったってことなんですね。

石田：全部ＢＲＩＣＳに入っちゃったんですよ。

原口：最後がベネズエラ。だってベネズエラってユキさん、アメリカからイランもベネズエラもそんなね近しい国っていうかむしろ制裁してたんだけど、「裏で油が足りないからよこしてくれ」って言うんですよ。だからこれご覧の日本人の方もね、アメリカ様が「あいつを制裁しろ」って言ったら一緒にしたらだめですよ。後ろでつながっておられたり、利益を分配したりされてるんで、国際社会ってそんな簡単なもんじゃないですからね。

BRICSに対する日本の国家戦略

及川：それで原口カズさん、そういう中で日本のBRICSに対する地域の基本方針はどうなってるんですか？

原口：いや〜今回ね、そのロシアの関連でいくつかの、国じゃないですよ、企業を制裁してるんですよ。

及川：それが問題ですよね。BRICS加盟国の企業を。

原口：そうそう。今回しかも油をこっちがものすごいお世話になってる国々を制裁してるから。BRICSの国々が僕らに必ずこう言うんですよ。「もうけっこう」と。「輸出してくる戦争と搾取と説教と…」

石田：3Sね。

原口：「そういう暗くて冷たい人たち、俺ら地域分断させて、もうたまらん」と。そういう中で今ユキさんがおっしゃった日本の岸田内閣って何やってるかっていうと、金配ってみんなに嫌われてるんです。

及川：で、あとは制裁して。

原口：制裁して。そして去年ね、サウジというか中東に行かれたじゃないですか。「YOUは何しに中東に？」て岸田さんおっしゃったんです。言われたんです。彼らは去年最大の、たぶん今世紀最大の和解と言われるのが中国を仲介にしたイランとサウジアラビアの和解です。そこで岸田氏はバイデンさんに言われたんだかわかんないけど、「楔を打ち込みに行く」って言われたんです。

石田：なんですか楔って。

及川：中国とサウジの間の楔ですか。

原口：そうです。みんな仲良くやってるところにお邪魔虫が来て、ちょっと後ろの親分から言われたから仲良くするのやめねーか、とか言いに行ったわけですよ。簡単に言うと。

石田：それ外務省が発表してるんですよね？中国・サウジに楔を打ち込みに行くって。

原口：大丈夫かー？ネジ入ってるかー？

及川：これどう見ても今のねお二人の話にあったように、ＢＲＩＣＳっていうのは今世界の中で躍進してるんだからそれに対して日本はどういう国家戦略があるのかっていう戦略なんですよね。

原口：そうです。だからそれはWin-Winです。あそこに松下幸之助さんの写真があるけど、これねお二人とも絶対見た方がいいと思う。
　鄧小平さんと最初に会って。当たり前ですよね、初対面。初対面で意気投合してWin-Winになるわけです。何をやってるかというと「中国の改革開放を私は手伝いまっせ」って言ってるんです。中国がその頃まで、今もそうだけどもう徹底的に閉じてた。それを改革開放特区を作ってですね、そして開いていくわけです。その手伝いをするんです。であれ天安門事件あったでしょ。あのとき日本企業ってけっこう抜けてるんですよね。それでも松下は抜かなかったですね。

石田：幸之助さんかっこいいなぁ。

原口：だからね、本当は今のそのＢＲＩＣＳの成長、一九九五年に日本の世界のＧＤＰシェアは一七％もあったんですね。今は五％に落ちてる。で、日本の代わりにやってきたのが中国。中国と日本はクロスしてるんですね。本来だったら中国とかＢＲＩＣＳの成長を、僕らは一番その国々には、言い方はあれだけど貢献させていただいてる、平和的に。ベトナムの５号線だって、上海のきれいな空港だって。

石田：プードン空港ね。

原口：そう。その果実が日本に来ていいはずで、その時にちょうど二〇〇〇年代、一番良かったのは日韓のワールドカップとかやった頃です。あのあとね、またこの人たち仲良くさせちゃいけないっていうので、とにかく隣国を憎むように、隣国と離れるように、要するに divide and rule（分割統治）ですね、やられたんです。

プロパガンダ、分断

及川：それで、特に韓国とか中国との関係をやっぱり憎むようにっていうのは日本国内の中ではいわゆる保守の人達に強くなかったですか？

原口：いわゆる自称保守っていうかな、ジェイソン・モーガン先生がおっしゃってるんです拝米保守、拝米タイムズ。

及川：アメリカには拝米だけど、韓国とか中国に対してやたらと「憎め憎め」っていうね。

原口：強気でしょ。そう。そんなのおかしい。同じ僕らはアジア人じゃないですか。

結局さっきのカズさんの divide and rule（分割統治）は「隣を憎め」なんですよ。今日じゃないですかね？イエメンとサウジが。隣を憎み合わせれば誰が得するかっていうと戦争屋が得するんです。

石田：だから、イエメンもサウジも結局こういう分断は欧米によって行われてきたってわかってるから。このまま分断が続いたら今彼らの思うツボだから。彼らも、中東の国々も、考え方をこの数年で考えてきたわけですよ。だから結局シーア派とスンニ派の対立っていうのも、日本ではよく報道されるんだけど対立してないんですよ、そもそも。むしろ仲がいいんですよ。サウジアラビアの東部州に、サウジアラムコの本社があって石油関係の関連業者がいっぱいあるんですね。そこはもうシーア派がたくさん仕事してるんですよ。でもサウジってもともとスンニ派の多数の国なんですね。だからスンニ派とシーア派が共存しているその東部州では、一緒の職場で働いてるし、一緒の家族のコミュニティもあるし、お茶会なんかもやってるし、スンニ派とシーア派が。普通に仲良いですよ。

それを言ったら「日本ではこういう報道されてるよ」と、「スンニとシーアが対立してこういう紛争が起きる」みたいな。「多分日本人もシーア派とスンニ派は仲悪いイメージ持ってるよ」って言ったら、「それは全部アメリカのプロパガンダなんです、石田さん」って言われた、サウジアラビア人に。

及川：なるほどね。

原口：イランイラク戦争何で起きたかって僕、幸之助さんに聞かれたんですよ。「おかしいじゃないか同じムスリムやろう」と。「なんでや、シーア派とスンニ派もそんなに憎みあったり戦争するようなことがあるか」と。ここが本質ですね。

及川：本来イスラム教っていうのは戦争する宗教じゃないんです。仏教もよく似てて、小乗仏教と大乗仏教の戦争しないので。

石田：真言宗と浄土真宗が戦争とかしないですもんね。

及川：でもキリスト教はそれするわけですよ。その感覚を持ち込んで。

原口：十字軍ね。

及川：そう、それ欧米持ち込んでくるんですよ。

原口：なんでそんなみんなを争わせて喜ぶかな。

石田：まあ、分断させといたほうが都合が良いんですよ。まず武器が売れるでしょ。それで、なかなかその国がまとまらないということは、これからの支配しやすくなるじゃないですか。だからイスラエルがガザとウエストバンク（西岸）で分断させるためにアメリカはハマスを作ったわけですよ。ハマスを育てたのはモサドって言われますよね。そこで、ハマスとファタハがずーっと喧嘩していれば、イスラエルにとって都合いいんです。

及川：パレスチナの中の分断ですよね。

石田：パレスチナという国がまとまらないし、アメリカにとってみれば武器が売れる。イスラエルにも売れる。中東にも売れる。もうウハウハですよ。

及川：そもそもイスラエルって建国する前は、さっきの話と似てて、みんな仲良く暮らしてたんですよね。パレスチナ人も、ユダヤ人も、キリスト教徒も。特に問題がなかったところに、いきなり「イスラエルを建国するんだ」って来てからですよね。

石田：そうです。だから、言ってみればパレスチナ問題の一番の根源はイギリスなんですよね。イギリスが〝三枚舌外交〟ってよく歴史に出てきますけど。一九一五年にフサイン＝マクマホン協定っていうのをイギリスがアラブ人に対して契約して「もしもこの戦争で勝ったらアラブ人の国家を作りますよ。だから手伝ってください」って。

その翌年一九一六年に、このサイクス・ピコ協定を結んで、フランス、ロシア、イギリスと組んで「フランス、ロシア、イギリスでこの領土分割しましょう」って言ったんですよ。三つ目にそのバルフォア宣言、一九一七年にユダヤ人のロスチャイルドと契約し、イギリスの戦費がお金が欲しかったから、ロスチャイルド卿からもたくさん資金援助してもらって、「戦争に勝ったらここにユダヤ人の国作りますよ」と。アラブ人とユダヤ人とロシア、フランスともみんなバラバラの約束をイギリスはしちゃったもんだから、それまとめるのにすごい大変だったんですね。

それで結局両方の国を作らざるを得なくなって、国連で最初議決されたのが、あの地域アラブ人の方が圧倒的に人数多いのに、ユダヤ人が持っていける領土が半分以上だったんですよ。これで、いやこんな不公平な国家建設はないだろうっていうんで、周りのアラブの国々が反対して起きたのが〝第一次中東戦争〟ですね。

その辺からもうぐちゃぐちゃなんですよね。

原口：これアラブに行くとよくわかるんですけど、国際社会とか言って、二重基準だと。自分らアラブにはやたらと不利で、国連決議もね、公正なのがいくつも出てるけど、国連決議二四六だったかな、そういうのはまったく守らん、と。それは当時の親米国家さえ、すごい不満を持ってた。

昨日ですよ、ファタハとハマスが中国で握手したって。握手させてんのまた中国ですよ。

石田：中国がまた仲介してまた平和を作ったんですよ。

及川：だから今、海外メディアは〝中国が平和を作ってる〟で持ちきりです。

石田：そうそうそう。日本ではねそういうことを報道しないですけど。

原口：ピースメーカー・中国ですよ。皆さん、ちょっと前は日本ですからね。日本こそが平和国家。

及川：これに対して、日本の保守の人達は中国はとにかく悪の権化なので、中国を叩くのが保守の証明みたいなね。

原口：中国をああやって叩いてる人、保守っていいません。拝米保守、傀儡っていいます。傀儡。戦争屋の傀儡。

石田：アメリカに言われたことがすべて正しいって思ってる。

原口：でもねユキさん、傀儡が中国の悪い人たちと組んで日本にむちゃくちゃ補助金を出したり、そこの企業にね。あるいはそれで日本の企業潰したりしてるんですよ。

だから彼らは、俺らと同じ日本人の国会議員だけど、日本のことやってないんですよ。よその国のことやってるんですよ。

石田：だからアメリカの舎弟みたいな感じですよね。日本はね。

原口：今日ね、さっきまでアメリカの人が来てて、「一兆円裏金持ってった」とかアメリカの人が言ってました。いやちょっとこれは生では言えない話だけど…。

及川：それもしかしてあれですか、麻生さんか誰かですか？

原口：そんなの言えるわけないですよ。ちなみにその人じゃないです。

及川：なるほど、わかりました。

原口：ユキさん、俺、現役の政治家！

暗殺未遂はトランプへの警告か？

及川：ちょっと今アメリカの話が出たんで、アメリカ大統領選挙いきましょうか。

はい、アメリカ大統領選挙の展開の中で、トランプさんの暗殺未遂っていうのがでてきたわけなんですけど、原口カズさんどうですか？このトランプさんの暗殺未遂。

原口：これ昨日かな、国会でシークレットサービスの長官がボコボコになって昨日やめたじゃないですか。何の資料も出さない。結局トランプさんを銃撃した人間は、亡くなった二〇歳の人だけじゃなくて少なくとも三人います、と。で、しかもこれ安倍さんの時とかケネディさんの時に極めて酷似してますよね。

しかもですよ、ユキさんもカズさんも経済の世界におられるわけだけど、株が変な動きしてるじゃないですか。トランプさんの関連企業の株が一二〇〇万株売られた。それからちょっと生だから言えないけど、五〇〇〇万株も売られて。それこそちょいワル先生とね、朝のスペースで「そんなこと普通ありませんよ」と。普通だったらこれはＳＥＣの出番です、と。

日本もね、ユキさん、これとよく似たことするんですよ。

岸田首相が師匠と仰ぐ方がアメリカの投資会社の方らしくてですね。僕、財務金融委員会の委員じゃないですか。この通常国会だけで、そういうプレデターに有利な法律っていくつ通ったと思います？僕が数えてるだけで五つです。で、必ず官邸とかで黒岩さんのアレにお会いになってるんです。

及川：その関係の法律が日本で？

原口：僕はその関係としか思えないんだけど、新しく企業の企業価値を判断するっていう、本来だったら法制審議会とか通して、民法改正ぐらいのやつがスルッと財金だけで通ってくんですよ。

及川：私もまさに最初そういう業界にいたわけですよ。で、本当にその業界の特徴としては、その国の法律を勝手に変えさせるんですよ。自分たちに都合の良いように。投資で儲かるように変えさせるんで、もし、黒岩さんっていう世界で一番大きな投資会社が、日本を狙っているとしたら、首相を通して都合の良いように変えてるでしょうね。その現場にいらっしゃったってことですよね？

原口：ええ、現場にいて、抵抗して反対してるんですけど、去年の秋もある株が変な動きしてるから、ここにＳＥＣ（日本の証券取引等監視委員会）呼んで「おかしいよね」って。

及川：聞いたんですか？

原口：ええ。今、頑張ってると思います。

及川：なるほど。

原口カズさんね、すごい仕事されてるんですよ。これ絶対自民党の人たちはやらないですね？

原口：自民党にもいたと思うんですよ。だって僕だって三五年前は自民党だから。いなくなりましたよね。

及川：要するにアメリカの傀儡ってこういうことですよね。アメリカ政府だけじゃなくてアメリカの企業が儲かるために日本の政治が利用されてるから。

原口：だってウクライナだってそうじゃないですか。レンドリースローンでどんどんどん武器をウクライナに貸し込んで。ウクライナってものすごい肥沃な土地ですよね。ビートルズの曲に出てくるような。その土地、今誰が持ってますかってことですよね。

石田：これも黒岩さんですよね。

原口：黒岩さんでしょ。

石田：ウクライナの国旗なんか、あれ小麦畑と空でしょ。

及川：そうそうそう。

石田：それだけもう世界的な小麦の生産地だから。

原口：綺麗な国なんですよね。ボコボコにされちゃったもん。

石田：戦争終わってあの土地あったらボロ儲けでしょうね。

原口：逆にユキさんに聞きたいけど、バイデンさんって本当にカマラ・ハリスさんを指名したんですか？

及川：してないですね。

原口：やはり。

及川：これね、もう今裏情報が飛び交っててすごいんですけど…。

原口：しかもディープステートって、馬鹿の百乗っていうかな、水島社長の言葉を借りれば「デラックス馬鹿」だから、必ず予告してくださるんですよね。

及川：これ水島社長の言葉なんですか！

原口：デラックス馬鹿。馬鹿の百乗よりデラックス馬鹿の方が上品です。
デラックス馬鹿の方々がトランプさんの狙撃も前もって言っているような人がいるし、次はトランプがないとかね。

及川：それはヌーランド！
でもね、本当に今回は民主党大混乱ですね。民主党の党の内部の自民党みたいな派閥争い。これが今起きてるみたいで。オバマ派とクリントン夫妻。

石田：今の自民党と似てますよね。境遇がね。

原口：今日ね、自民党の人と会ったら今回一〇人ぐらい出てくるんですって。

及川：総裁選？一〇人！？そんなに出るんですか！

原口：そしたら結局誰が勝つかって、フォーエバー岸田とか。

石田：そうか、そうだ。票が割れるから都知事選と一緒で出れば出るほど有利ですよね。小池さんのこともあったし。

原口：都知事選で味しめたんです。

石田：なるほどね、同じやり方ですね。

とにかく候補者たくさん立てて、結局フォーエバー岸田みたいな。そりゃ困りますよ、それは。

原口：俺らは九月に向けてこれをぶっ放す装置を作っておかなきゃいけない。

去年、ユキさんも一緒にアメリカに行って、エド・マーキー議員とかとね、アメリカもいい議員いっぱいいるよね。

及川：本当にいる。特にエド・マーキーさんは上院議員だったから。品が良いしね。知識もすごいし。

原口：核廃絶のね、やってくれて。

及川：じゃあその話いきましょうか。

石田：その前に僕はユキさんに一個聞きたいのがあるんですけど、アメリカの大統領選のね、トランプさんの殺害未遂の話なんですけど、とある所から聞いた噂、ニューヨークの情報筋から聞いた話なんですけど、あのトランプさんの銃撃事件は、あれは〝F〟がつくアメリカの組織のトランプさんへの警告だって言ってる人がいるんです。

最初から殺す気はない、あの事件では。あれはもうあくまでもわざと殺さなかった。本当にトランプさんを殺す気だったら、二〇歳の青年なんかを使わずガチのスナイパーを使うと。あれはわざと、あえて少しいったところ、肝心なところを狙わずに警告をした。どんなですかって言ったら、予算配分。大統領になったときの予算配分を「ああしろよ、こうしろよ」みたいな、そういうのが裏からいってるらしくて、それを言うことを聞かないらしいんですよ、トランプさんは。それに対しての警告なんじゃないのかなって言ってる人がいるんです。

及川：なるほど、なるほど。実は私が聞いた話と似ています。似てる。警告っていう意味で。ちょっと前にカズさんの越境3.0のライブで出させてもらったじゃないですか。あの時に「ちょっとこれもうこれ以上言えないんだけどなあ」って話をしてたんですよ。その話があってますます言えないんですけど、そこからやれって言われてるんだけど、やった側がね、言われてるんだけど、そんなことしたら大変なことになるので。バレたらやばいから。もうみんな刑務所行きだから。だから、逸らす。今の話みたいに逸らして、逆にトランプさんを屈服させるっていう。

石田：そう。屈服させるための手だったんじゃないか、ということですね。
　結局元は、Ｉのつくって、言ってるみたいなもんだよね。っていうような話ですよね、我々の見解はね。

及川：そこはね、ちょっとなんとも言えないんですけど、歴史的にはやっぱり六〇年前のケネディの件が結局真相出てないですよね。

原口：あそこから「アメリカの民主主義が死に始めた」っていう人がいますよね。

及川：で、こういうのをちゃんと、いったい誰が、どういう組織がやったのかっていうのを真相を究明しようとしないんですよね。なんとか委員会作っても全部茶番劇で。逆に隠す方向で。

石田：そうなんですよ。結局隠蔽されて揉み消されて。途中で捜査終わっちゃうじゃないですか。それがもう全部〝F〟がやってきた、進めてきた捜査ですよね。

及川：今回もそうですね。

原口：だからあれが出てきた瞬間にみんな「これはダメだ」って思っちゃうわけですよ。あれだってそうじゃないですか。ノルドストリーム1、2。

及川：そうそうそう。どうなってんだ、あれはね。

原口：この間マイケル・ヨンさんが来て、アメリカの従軍ジャーナリストで米軍にもおられた方が「あれはアメリカでやってないとしたら宇宙人がやったんだ」って。

石田：宇宙人がやったんだー。

原口：他にないよ、もう。しかも国連であれを調査しようという議決に反対した国があって。だいたいそういうのに反対するところが犯人でしょう。普通考えるとね。

原口：カマラ・ハリスさんが次のポイントがね、トランプさんより二ポイント上回ったとか、ディープステート系のメディアがガンガン言ってるじゃないですか。ちょっと待ってくれよって。これご覧の方、日本のそういうディープステート系のメディアが同じことをでっかい声で言う時、聞かないで良いです。だいたいこれ言えって言われてるから。

僕、昨日夜中に起きていろんな国の人とやり取りして。「日本大丈夫?」って。「大丈夫かよ。こんな閉鎖された、しかもあからさまに騙されてるとわかってるのに、それがメインストリームで流れてるって、デラックス馬鹿の国って言われてるよ」っていう意味のことを言ったんです。

及川:今の話ですよね。カマラ・ハリスが急に出てきたら、世論調査ではカマラ・ハリスの方がトランプさんより二ポイントリードしていると。で、これを日本のメディアが必死になって報道してるんですよ。これはね本当に「日本大丈夫?」ですよね。

原口:いや、もうニューヨークタイムズですら別のこと言ってんですよ。日本のメディアの人ってアメリカのことを言うんだったら、やっぱりアメリカの新聞を読んだ方がいいですよね。

石田：なんかどっかのテレビ局がカマラ・ハリスでほぼ確定みたいなこと言ってましたよ。

及川：そうなの!?

石田：NHKかなぁ?本当にほぼ確定ですねみたいな。

及川：カマラ・ハリスっていう政治家がどういう人なのか。

石田：知らないと思いますね。あの人がどんだけ仕事ができない人なのか。

及川：バイデン政権に入って、副大統領になってすぐ起きた問題があのメキシコ国境問題で。すごい騒がれて。バイデンが、じゃあ副大統領のカマラ・ハリスに担当してもらいましょうってなったんだけど、一回も現場に行ってない。その時にメディアにインタビューされたんですね。メディアにインタビューされて、「なんでバイデン政権は現場に見に行かないんですか」って。そしたら「いや我々は行ってます。現場に行ってるんです。行ってるんです」何回も何回も言うんですよ。インタビュアーが「あなたは行ってないんですよね」っていうふうに聞いたら、そしたら彼女が「私はヨーロッパには行ったことがありません」。意味わかんないこと言う。

石田：スピーチもなんかイマイチだし、嘘もつくしね、仕事もできないし。それがアメリカ国民わかってるわけじゃないですか。わかってるから世論調査でもあの人の支持が集まってないんでしょう。でもＮＨＫとかね、他のテレビ局もそうだけど、コメンテーターが「ほぼこの人で民主党は決まりだと思います」とか専門家ヅラして言ってましたけど。

原口：だってトランプさんが勝ったときだって絶対クリントンさんだって言ってたじゃないですか。俺はそれあり得ないよって何回も言ったけど、あなたは変人だからトランプさんが好きなんだ、って。なんか変人だからトランプさんが好きってそれ変でしょ。「一博さんは変人だからああいう人が好きなんだ」とか言って。違うんですよね。あの当時トランプさんを応援してた、今回もそうだけど草の根の人たちなんですよね。本当に真面目に従軍して、毎日毎日汗水垂らして働いて。

だから今回労働者層がトランプさんに大幅に入れるんじゃないかって、そういう数字が出てます。

及川：でもその労働者って本来だったら民主党ですよね？

原口：そうです。

及川：日本だったら立憲民主党ですよね。それがトランプさん。

原口：むしろ今回のね、副大統領候補なんてもうすごい苦労した人ですよね。Ｊ・Ｄ・ヴァンスさん、親が、もうまさに麻薬に溺れて。ラストベルトから出てきてるっていう。

及川：でもまさにその辺が本来民主党の地域だったのが、やっぱりオバマぐらいからですね。オバマぐらいから全然労働者相手にしなくなったんですよ。

原口：要するにウォール街を相手にするっていう。

及川：そうそう。その通り。

石田：三つの産業ですよね。武器と製薬・金融。

原口：それがディープステートを形成してるわけですよね。

及川：そもそもバイデンという人、今日このライブやってる数時間前にバイデンさんが「大統領選挙で辞めます」っていう口で言ったっていう。まあ本人じゃない可能性だって話もあるけど。そもそもバイデンはなんで出てきたのかって、オバマが副大統領に指名したときなんですね。で、オバマがなんでバイデンを指名したかっていうと、さっきの話のように、労働者階級にとってはオバマって鼻持ちならないやつで、全然支持取れなかったわけですよ。大統領選挙の時に自分が苦手な労働者階級、ここの票を取れる人っていうんでバイデン出してます。

石田：そうだったんだ。

及川：でも案の定バイデンはこういう人だったわけですよ。だけどそのうちバイデンもそっち側行っちゃって。グローバリストの方行っちゃって。結局その人たちに見捨てられてしまって、そこに現れたのがトランプさん。

原口：特に軍とか若い人の支持が強いですよね。

及川：そう、そこが素晴らしいですよね。

石田：トラックドライバーなんかもね、みんなトランプ支持ですよ。

及川：あとハーレーダビッドソン乗ってるバイク野郎。

原口：だから銃撃を受けた時もみんなが支援に。次のね、ミシガンから行きましたよね。そういうアメリカのグラスルーツの強さと、もう一個ユキさんにうかがいたいのは、やっぱり南北で分断されてきてる感じがします。北の方のなんか大金持ちのとにかく戦争屋、南の方の真面目に真面目に働いてる慎ましい暮らしをしてる、もともとアメリカの建国の理念に忠実な人たち。こういう人たちと別れてる。

カズさん、マックスさんがよく「もうこのままいけば内戦なんじゃないか」って言ってます。

石田：しょっちゅう言ってます。

及川：その分断というところで、確かにねトランプさんもガンガン口で攻撃するから、だからアメリカの分断をつくったというふうにメディアから言われてたんだけど、その分もなきにしもあらずなんだけど、でもこの暗殺未遂を受けてトランプさんが明らかに変わったのは〝アメリカの団結〟。

原口：〝団結〟という言葉を言いましたね。

及川：和解の方向に持ってきた。

原口：そうそう。「ワンランク神に近づいた」っていう人もいますよね。

石田：神になったんです、あの瞬間に。

及川：悪いことは悪いってはっきり言うけど、でもそれだけじゃなくて今まで自分に反対した人たちも含めて、その人のためにも自分がやるっていうふうに言い始めたんです。

原口：それは今までのトランプさんにはなかったですね。僕は「二〇世紀になって戦争始めてない大統領って五人しかいない」ってよく言うんですけど、その中の一人がトランプさんなんですよね。それ全員共和党。J・F・ケネディさん入れると六人。この人は民主党ですけどね。やっぱりこういう戦争を始めなかった大統領って、最長任期八年じゃないですか。八年やってないんですね。

及川：そうか、やらせてもらえないんだ。

原口：途中でね、消されたり、殺されたり、スキャンダル出されたり。トランプさんだって続けてやれてないんですね。

及川：このままで行くと、トランプさんが二期目になるとして、ここでまた日本の国家戦略の話なんですけど、来年以降トランプ政権、〝トランプ2.0〟と言われてますよ。そうなったときに日本の国家戦略はどうあるべきですか。

原口：これはもう独立自尊ですよ。本来一九九〇年代の初めにソ連が崩壊した時に日米同盟もやっぱり変わっていかなきゃいけなかった。で、まさにあのダブルコンテイン論、ディフェンスガイダンスが一九九二年に出た時に、日本と敗戦国ドイツは主権国家としては半分ぐらいしか認めない。これでもってダブルコンテインしていくんだ、と。蓋にしてそしてロシアと中国を抑え込むんだと。俺ら二重に蓋されてるわけですよ。蓋は取らないと。だから、僕は今『日本独立』って本を書いてるんですよ。

及川：これちょっと面白いと思います。

これでもカズさんがずっと日本の〝自主独立〟〝独立自尊〟このテーマを言われてて、これ実は、トランプさんも同じこと言ってるんですよね。

原口：だから僕はこれを一番最初に言うきっかけになったのも、日米地位協定の改定案。二〇〇二年に作って、アメリカに呼び出されて、歴代呼び出されるとか…。あるミッションで行ったんですね。日米銀行で歴代ＣＩＡの日本担当というおじいさんたちが、「俺は年取ってるけど明治の生まれじゃない」とかわけわからない日本語がめちゃくちゃ上手だと。あの頃俺も英語もちんぷんかんぷんで、「あー弱ったなーまたわけわからんことというかな」と思ったらいや心配いらんと、俺らも日本語堪能であると。俺はあの年取ってるけど明治の生まれじゃない。それは見りゃわかるわ！って。

及川：それ日本語で言ったんですか！

原口：日本語で言った。「ついては、君はまずホストネーションサポートに反対してますね」と。「あんなもん七〇〇〇億もいらんだろう」と。「それから君はこの頃なんと地位協定の改定案にまで……！」って。

及川：それ知ってた？アメリカ側が。

原口：知ってた。あれはね、将来大臣になったり総理大臣になる保守の人にはあんまり伝えない方がいいなって言ってたんですよ。あの人がああ言わなきゃ良かったです。俺そう言われると、あまのじゃくだからもう余計やんなきゃいけない。

及川：普通の政治家は、そう言われたら言わないようになるんですけどね。より言うようになるんですね。

原口：俺のプロファイリング間違ってるんですよ。ＣＩＡにしては。

及川：そこの情報知らなかった？

原口：知らなかったですね。日米地位協定のその時の改定案はどういうのかっていうと、環境協定。返すっていっても彼らがクリーニングしてくれないとどこに何が埋まってるかわかんないじゃないですか。今もＰＦＯＳ•ＰＦＯＡでね、なんかもう曖昧にしてるという。だってユキさん、バイデン政権はＰＦＯＳ・ＰＦＯＡはもう就任当初から血眼になってクリーニングしてんですよ。それが日本の方ではね属国だと思ってんのか知らんけども何もせんじゃないですか。

及川：その後でどんなトラブルが起きるかわからないですもんね。

原口：わからないですよ、そんなの。ＰＦＯＳ・ＰＦＯＡですよ。発がん性のね、あれがあるって言われてる。

及川：有害物質ですからね。

原口：有害物質です。だからそういうのがきっかけになりましたね。で、ついでに言うと二〇〇四年に各国の軍のホストネーションサポートというか、思いやり予算の世界比較をやったんですよ。日本、最大なんですよ。

及川：やっぱそうなんだ。

原口：ところが僕がその国会で質問してから、その額を世界的に出さなくなったんです。統計は二〇〇四年で止まってるはずなんです。

及川：そうなんですか。

原口：原口一博がいらんこと言ったから。

及川：カズさんってすごい、いろんなことやられてますね。

原口：いやいや俺は独立のために日本政府側になったんだよ。

石田：いやでも本当ね、こういう政治家いないでしょう、他に。

及川：まさに民衆のための民衆の代弁してくれてますよ。

原口：日本はだって侍の国なんですよ。そんなポチ扱いされたらムカつくじゃないですか。おまけにああいうの作るなんて言われて、余計なお世話だろうがって。

石田：そのトランプさんがね、もしも大統領になったあと日本はどうすればいいかっていう話で僕もやっぱり一つ気になってるのが、トランプさんはプーチンさんともうまく話をするじゃないですか。ウクライナ戦争終わらせると言ってるし、ロシアへの制裁を支持してないでしょう。だからロシアとアメリカの関係はいい関係になると思います。と、同時にですね、北朝鮮とアメリカもいい関係つくったりしてるでしょう。ということは、日本が今一生懸命敵国扱いしているロシアと北朝鮮とアメリカがつながる可能性があるんですよ。

及川：そうなりますね。

先を見た戦略が日本のリーダーにも必要

石田：となると、日本まさにカズさんが毎日しょっちゅう言われてるけど、ハシゴ外されるんですよ。気がついたら日本、お友達がいないよね。

原口：そうですよね。岸田さんがＮＡＴＯの高みに登っていくんだって言われたけど、もう降りるハシゴがね。

石田：降りれなくなっちゃうんだから。

原口：そうそう。上まで登ったはいいけどね。日本まるごとあの登らせないでお一人で上ってくださいっていうね。馬鹿だなんて総理に言えません。

石田：そうなるとやっぱり日本もね、全方位外交を早急にやらなきゃいけなくて、今そのきざし全く見えないじゃないですか。

原口：あのね、僕の朝のスペースにチャン・バン・クゥエンさんってベトナムの。彼、すごいスマートで。ベトナムって全方位外交なんですよ。

石田：そうですね。

原口：中国とも微妙な距離で。だけどこの間ね、プーチンさんが行って中国のあとはベトナムだったじゃないですか。

石田：あれプーチンさんのすごい戦略勝ちですよね。

原口：すごいよね。それこそオセロみたいにひっくり返していってるわけです。

及川：そういう国家戦略が必要だってことですよね。

石田：プーチンさんが本当にすごいなって思うのは、今のところそのロシアにとっては中国とだいぶ関係が良くなっているけれども、やっぱり不信感持ってるじゃないですか、お互い。だからロシアにとって中国がしゃしゃり出てきてもらうと困るわけですよ。ＢＲＩＣＳの中でも中国を抑え込みたいとプーチンさん思ってるじゃないですか。そういう時に中国包囲網としてプーチンさんが考えているのが、北朝鮮・ベトナムとの同盟。東側がね。今度西側で、ロシア・アゼルバイジャン・イラン・インドの国際南北輸送回路っていうところ。これ中国を包囲してるんですよ。

原口：あれすごいね。

石田：でも挑発的にね、軍事力を持ってってっていう。一応、水面下では軍事同盟を結んでるんですけど、表向きは経済同盟なんですよ。お互いの国が全部そのつながって、貿易もやって。南北輸送回路はパイプラインとか、こうしてお互いの国が貿易をやってるよと、インドにどんどん石油とガスを流していこう、と。インドは石油がぶ飲みしてる国だから。だってロシア・アゼルバイジャン・イランだろうが全部指折りの産油国ですから。そこからじゃぶじゃぶじゃぶじゃぶインドに石油を送られるんで、インドは嬉しいし、ロシアやアゼルバイジャンからしてみたら一四億人の市場ですよ。もうどんどんどんどん自国産のものが売れるっていうのでお互いWin-Winでしょう。

及川：まさにそれぞれの国の首脳が未来を見つめる国家戦略で動いてますよね、今ね。それがないのが我が国という。ビジョンがないですよね。

原口：Vision and Realizeっていうかな。

石田：True Vision to Reality.

原口：そうそう。それで今インドがロシアにそうやって加担してると、油買ってると。「船を止めろ」とか言ってるアメリカのデラックス馬鹿は置いといて。デラックス馬鹿はもう陸上でもう今できようとしてるから、そんなにやったって余計俺らが苦しむだけだと。

石田：そうですよね。

及川：そのまさにBRICSとかロシアとか先を見てるっていう意味では、イタリアのメローニさん。カズさんのチャンネルでは話させてもらったんですけど、メローニさんがもうG7なのにG7の他の国はあんまり相手してないっていう。

石田：なんかよそよそしいですよね。

原口：だって他の人、全部支持率最低ですもん。

石田：支持率が低いリーダーばっかりが集まってる、メローニさん以外。

及川：早速スナクがいなくなって、今度バイデンがどうもいなくなるのがほぼ確定したんで。そんな中でメローニはインドに行ってるんですよ。モディと会ってる。で、モディはその後ロシアに行ってプーチンと会ってる。で、プーチンさん、ロシアで六月にサンクトペテルブルクで経済フォーラムがありましたね。

原口：すごいですよね。

及川：世界で一番大きい経済フォーラムなんですけど。

原口：一二七カ国ぐらい？

及川：ぐらいから来てますね。アフリカとかからもみんな来るから。グローバルサウスが来るので。主要国の通信社の社長クラスが集まって、プーチンさんと三時間インタビューがあるんですよね。日本からも多分共同通信が呼ばれていくんですけど、その中にイタリアの通信社があって、イタリアの通信社の社長がプーチンさんに聞いたのが、「今イタリアはＮＡＴＯの一角なのでロシアと戦って敵対してますけど、このウクライナ戦争が終わったら再びイタリアとロシアがもう一回手を組むみたいな、そういうことが考えられますか」っていうふうに言ったら、プーチンさんが「もちろんです」と。

石田：大人だなぁ。

及川：「イタリアのメローニさんがＮＡＴＯにいながら一番ウクライナに支援してないのを私は知ってますよ」って。だからちゃんと見てる。

原口：見てる。岸田さんには言わないもんね。

石田：絶対言わないですよね。

及川：こういう先を見た国家戦略をちゃんと考えてるリーダーと、全く考えてないリーダー。

「ロシアにはロシアの歴史と伝統がある」

原口：この対談のきっかけだって一一月の「不死鳥の会」のその日に、ユキさんはロシアに行かれてる。あれちょっと話してくださいよ。

及川：一一月末でしたっけ。

原口：末ね。カラガノフさんね。

及川：そう。ロシアの有名な大学の先生でプーチンのブレーンの一人と言われているセルゲイ・カラガノフっていう国際政治のすごい先生がいて。その先生の講演が行われるシンポジウムがあったんで、そのシンポジウムに参加してカラガノフ先生にぜひお会いしたいなと思って行ったんですけど、カラガノフ先生が具合が悪くて代わりに別の先生だったんですけど、その先生もすごかったので良かったんですけど。やっぱりその時にロシアの国家戦略。これはすごい。一番やられてるわけですよ、アメリカに。昔だったらアメリカにやられるってことは世界中から孤立されて、経済封鎖されて、途中で白旗を上げるのが普通なのに、一切白旗上げないとか。さっきの原口カズさん流の言い方で言ったら〝巴投げ〟。

原口：そう。巴投げ食らわせてる。

及川：でもそれが小手先の戦略じゃなくて、やっぱりあの一本筋が通ってるっていうか、カラガノフは常に「ロシアはロシアのやり方じゃないとダメなんだ」と。「民主主義がいいとか、社会主義がいいとか、そんなんじゃないんだ」と。「ロシアにはロシアの歴史と伝統があるんだ」と。「それに、原点に帰るべきだ」と。何ていうか、筋の通し方がすごいですね。

原口：一九九〇年代の終わりを見ると、今の日本みたいにソ連から変わってロシアもやられてるんですね。オリガルヒに徹底的に国をむしられて、日本で言うと民営化路線ですよ。よくね、これご覧の皆さん、あれ〝民営化〟って言ったらいけないです。〝私物化〟って言わなきゃいけない。

及川：〝私物化〟！それぴったりだね。

原口：〝プラバタイゼーション〟のことを民営化って言わないでしょ。民営化だとさも良いようなことだけど、公でみんなのお金で作ったやつを一部の人間が私物化するんだからろくでもない。

及川：ろくでもないですね。

原口：これでロシアは平均寿命っていうのかな。一〇歳ぐらい落ちたんですよ。で、それでできたのが、まさにユキさんが詳しい、プーチンさんはロシア正教っていうね、僕が今なんで大和心（やまとごころ）って言ってるかというと、日本のそもそものアイデンティティ（自己同一性）に戻れと、戻ったところから道が見えてくるから。日本人としての普通の何ていう感覚をなくしてですよ、今国体だってもう体育という言葉もダメになった。〝国スポ〟とかいって。うち今年から〝国スポ〟なんですよ。〝体育〟に戻さんか！っていう。

石田：〝体育〟って言葉がダメなんですか？

原口：いや、〝スポーツ〟にしてる。国のスポーツ。

石田：体育……国の…〝国体〟がダメだから？

原口：変えたんですよ。だめかっていうからもっといいのが〝スポーツ〟だって。カタカナ語と日本語混ぜるなって。だったら全部英語でやれっちゅうんですよね。

早稲田大学の大隈重信さん、僕らの同じ、佐賀の。

及川：大隈さんって佐賀ですよね。

原口：大隈さんは学の独立っていうのは、あれも独立してるに決まってんじゃないかと思ったら、なんと当時の東京帝国大学は英語でしか勉強させてないんですって。

及川：そうだったんだ。

原口：〝学の独立〟っていったら日本語で勉強することが〝学の独立〟なんですって。この間総長さんが佐賀に来ておっしゃってましたね。

及川：なるほど。東大の前身の一高っていうのが英語がすごくてね。英語できる人ばっかりだったから。

原口：そしたら、頭の中まで英語になっちゃうんですね。

及川：さっきのカラガノフの逆ですね。

原口：逆、逆。彼らはロシアを徹底的に追求していったんです。だからダーチャにしろ何にしろ、カズさん、彼らはエネルギーとか食料めちゃくちゃ大事にしますよね。

石田：結局それが国力なんだっていうことをわかってるんですよ、プーチンさんも、ロシア国民もね。でも日本はね、本当もうその真逆。カズさんの言う通り。全部、外国依存度を高めてる。エネルギーも依存度高めて、食料も依存度を高めて。場合によってはコンテンツ産業すらもね。

原口：一番強いやつをね。

石田：そう。どんどんどんどん日本の外に持っていかれちゃって。

日本はアゼルバイジャンとつながるべき

及川：そんな中で日本のトップはちょっとあれなんで、民間でって動きで、石田カズさんは中東にガンガン行きながらいろんなことされてるんですけど、アゼルバイジャンとかちょっとそのへんのところを。

石田：アゼルバイジャンはもっと日本がつながるべきだと思うんですよ。これはもうすごいチャンスで、何度もチャンネルでも配信してるしね。カズさんともよくライブで話してるんですけど、とにかく親日度合いは半端ないですよね。これはね、やっぱアゼルバイジャンって元々ソ連の一角なんですけど、ソ連が崩壊した直後はずっと戦争やってたんですね。アゼルバイジャンにナゴルノカラバフっていう紛争地もあったし、ちょっと上がチェチェンなんですよ。そこも紛争やってて。一九九〇年代ずっーと〝泥沼の経済〟と言われているぐらい大変で、ひとりで一日二ドル以下の生活をしている人が国民の半分以上ですね。一日二ドル以下だから今のレートで三〇〇円。一日三〇〇円で生活しなきゃならないという、そういった境遇がアゼルバイジャンの半分以上の人っていう状況だったんですね。

でもその泥沼の経済から脱却するために国をどうしたらいいのか、国で何をその政策として掲げていったらいいのかと。ヘイダル・アリエフ前大統領、当時の大統領ですね。当時の大統領が見たのが、そのまさにマハティールさんと一緒で、“Look East”なんですよね。

原口：“Look Japan”

及川：日本だったんですね。

石田：日本だったんですよ。それは日本は敗戦国で原爆も落とされて、焼け野原になって。世界の最貧国まで叩きのめされたにも関わらず、日本は不死鳥のごとく復活して、世界第2位の経済大国になったと。テクノロジーは世界最先端で、それで日本は大都市以外、地方の都市に行ってもどこにでも教育が行き届いていると。街は衛生的で綺麗だと。国民は勤勉で真面目でね、とにかく世界最高峰のものを作り上げる能力を持っている。我々の国もこういう国にしたいんだと。だから日本を見に行こうって一九九八年に二〇人の側近を引き連れてヘイダル・アリエフさんは日本にやってきたんですよ。それでいたく感動されて、日本みたいな国づくりをしようと。アゼルバイジャン人は日本人みたいになろうと。

これを国に帰られて国民の前でプレゼンしたんですよ。ヘイダル・アリエフさんっていうのは、もともとその泥沼の経済から脱却するために、バクー油田から石油をロシアを迂回して、ジョージア、トルコ通って地中海まで運ぶBTCパイプラインというのを建設した大統領なんですよ。それによって西側諸国の石油メジャーとかがアゼルバイジャンにたくさん投資をして、アゼルバイジャンは一気に経済が上向いてきたんですね。これが二〇〇〇年代の半ばなんですけど。

それだけ経済を不死鳥のごとく復活させたリーダーなんで、国民の支持は半端なくすごいですよ。アゼルバイジャンのどこ行ったってヘイダル・アリエフの肖像画があっちこっち飾ってあってね、もうみんなのヒーローなんですよ。国民的英雄。ナショナルリーダーといっても最高峰の部類なんですけど。それだけ国民に支持されているヘイダル・アリエフ前大統領が日本人みたいになろうよって言ったんですよ。だからアゼルバイジャンの国民はみんな〝日本人と友達になりたい〟〝日本が大好き〟〝将来日本に住みたい〟〝日本人と一緒に仕事をやりたい〟と思う。だから親日の基盤がね、他の国とまたレベルが違うんですよね。桁違いに。

及川：そんな国があるんだってことを「越境3.0」観てないとわかんないですよね。

石田：そうなんです。それをね、もうずっと言ってるし、そういう本も書いてるんですけど。アゼルバイジャンの本。アゼルバイジャンだけでこんくらい電話帳ぐらいの分厚さなんですけどね。

及川：それ随分前に書いてない？

石田：あれは二〇〇七年かな？に書いたんですけど、一番日本人に知ってほしいのはアゼルバイジャンという国は、アゼルバイジャンの入国ビザは日本人だけが〝無料〟なんです。

及川：そうなんですか！？

石田：そう。世界で唯一、一九四カ国、国連加盟国ある中で日本人だけが無料なんです。

及川：そこまで特別にしてくれてるんですか。

石田：特別扱いなんですよ。首都バクーっていうんですけど、バクーの空港に到着するとビザ取得カウンターがあるんですね。到着した外国人はみんなそこに並んで、だいたい五〇〇〇円とか一万円とかお金を払って、ビザをパスポートに貼ってもらってパスポートコントロールに行くんですよ。でもその料金表を見てると日本人いくらかなって見ると"Japan：Free"って書いてあるんです。全部みんな五〇ドルとか七〇ドル、一〇〇ドルぐらいの、場合によっては信用力のない国なんかは一万何千円とかビザ代払うわけですよ。日本人だけタダなんですよ。これはヘイダル・アリエフさんが作った政策。で今の大統領もそれを継承して「日本人には一人でも多くアゼルバイジャンに来てもらいたい」と。それで日本人とアゼルバイジャンがつながることで両国の経済発展が作られてるんだと、信じてやまないわけですよ、それを。

及川：それだったらせっかく石油があるわけでしょう。日本は必要じゃないですか。

石田：そこなんですよ。だからね、交換できるものがいっぱいあるわけですよ。日本はバクー油田の石油とガスを喉から手が出るほど欲しいと。だからそこをね、もっともっと関係性を強くして…。

及川：これ何とかならないですかね？

原口：それをね、進めて…。まあだけど誤報でよかった。なんと「アゼルバイジャンの企業にまで制裁をした」っていうのが間違った報道が出て、それで先週呼んだんです、役所を。

及川：呼んだんですか。

原口：それにはアゼルバイジャンは入ってなかった。

石田：そのＵＡＥかカザフスタンとかインドの企業とかに制裁してるじゃないですか。その制裁している理由というのは、ロシアとの貿易量が多い国、関係良好な国を制裁してるわけでしょ？

原口：狙い撃ちしてる。

石田：それ、アゼルバイジャンなんて、ロシアとたくさん取引してる会社ばっかりですよ。

原口：日本だってそうだよ。隣国だから多いんですよ。日本を感謝してる国って、おごった日の丸っていう意味じゃなくていっぱいあるんですよ。

例えばパラオ。ペリリュー島で一万人もの日本軍が玉砕してんだけど、その時に当時の言葉で「土人はここから出てけ」って言って現地の人を逃がしてるんですよ。今でもパラオのいろんなインフラも日本が作ってて、すっごく感謝されてる。

石田：あれ国旗が黄色の日の丸ですよね。

及川：そうそう。日本に真似たんですよね。

原口：それからよく僕が言うパレスチナの難民キャンプも、あそこに学校つくって希望をつくったのは日本だと。バカアの難民キャンプね。パレスチナの最大の。そういったことを考えると、それをぶっ壊して回るのやめて欲しいですよね。今日も中村哲（なかむらあきら）先生、僕らは哲（てつ）先生、哲（てつ）先生っていいますけども。中村先生がおっしゃってました。「もう自分たちがやれること、それはこの方々に水と平和と医療を提供することだ」と。どれほど尊敬されて、先生の銅像まであるんですからね。だけどそれを、片っぽでぶっ壊していってるわけですね。

及川：そのぶっ壊してる理由は、今のカズさんの話だとロシアとの関係ですよね？　で、もうこれ言いなりじゃないですか。グローバリスト側のね。ロシアを制裁してる側からの言いなりで、それに乗って今までのケース、せっかく日本人がやってきてよかったことを全部ちゃぶ台返し。

世界は地産地消

原口：バイデンさんがおっしゃってますもんね、「岸田さんをヨーロッパの戦争に引き込んだ」って。
　でもね、ロシアも昔から今みたいじゃなくて。ユキさん、サンクトにも行かれました？

及川：サンクトはまだ行ってません。

原口：サンクトに行くとね、歴史資料館っていって僕は北方領土返還運動ずっとやってるから、あそこに「北方領土は日本のものである」っていう歴史資料があるんです。
　サンクトペテルブルグのエルミタージュ美術館って。昔のロシアって略奪国家じゃないですか。だからエカチェリーナ二世が世界各国から奪ってきたのがここにあって、一つの作品のうち一分立ち止まったら四年かかるんです。絶対行った方がいい。僕は今入国禁止議員だから行けないけど。その横の歴史館に行くと、ロシアの歴史がだーっと書いてあるんですよ。『えらい詳しく書いてありますね。はい、見せてください。〝北方領土は日本のものです〟はい、そうですね」って。で、館長がこう言ったんですよ。「ロシアは歴史をすごく蔑ろにしてた。それでナポレオンにボコボコにされた。ボコボコにされてからなんで弱いかっていろいろ考えた。それは歴史を疎かにしてたからだ」。そこから一生懸命、歴史を残すようにしたんですよ。

及川：北方領土の歴史も、これは正確に言えば日本のもの。

原口：日本のものって書いてあった。返せ！早う！

及川：そういうことですよね。ロシアに対しての政策っていうのがあまりにも一方的。もうなんか反ロシアみたいになっちゃってね。

原口：意味がないですもん。だって二〇一四年のミンスク1・ミンスク2って、その頃から戦争があったからここで合意してるわけですからね。二〇二二年に初めて始まったわけじゃないんですよ。

及川：それがとばっちりで原口カズさんもロシアに入国禁止になった？

原口：入国禁止議員。

及川：別に何もロシアのこと悪く言ってないよね？

原口：僕は決算行政監視委員っていう役職で多分ついてると思うんです。要するに、日本政府の、あるいは日本議会のそのとき重要な役割をしてた人たちに機械的に割り振られてるんですね。

及川：今週だったかな、今度はロシアの方が日本の企業の幹部を何人か入国禁止にしてますね。これはまずいですよね。

原口：まずいですよね。だって日本車ってロシアでめちゃくちゃ人気だったのがはじかれてしまって。

及川：そうですね。

原口：結局、メイドインロシアに変わってるだけですもんね。

及川：ロシアの車がすごく良いらしいんですよ。だから今ロシア人は、もうこうなったらメイドインロシアでなんでもかんでもね、あのスタバもマクドナルドもケンタッキーも全部自分たちで作ってると。

石田：聞いた話だと、半導体まで今作ってるらしいですよ。

及川：半導体できるって言ってましたよ。

原口：中国だってそうじゃないですか。中国だって中国製造2025って優れた本があるけど、もうほとんど中国製になりましたよね。

石田：地産地消ですよね。世界はね。

及川：そこはそこまで逆に日本も未来戦略がないっていうか、自分たちで地産地消しようとしないですよね。

原口：しない。

石田：だから日本産をやっぱり育てるべきだし、日本の技術とかを育てるべきなんですけど、そこに全く目が回ってないでしょ、日本の政府は。

原口：外資に目がいってる。

アメリカの農産物を買うための日本の農業政策

及川：その上で特に食糧の自給率。ここがロシアだってすごいじゃないですか。

原口：つまり〝ダーチャ〟。

及川：ダーチャで自分たちで作るし、逆に日本がどんどんどんどん自給率が下がっていって、ちょっとこれ以上下がるともうやばいですね。

原口：自給率もだけど一番やばいのは、〝耕作放棄〟っていうじゃないですか。もう今耕作放棄じゃないんですよ。耕作放棄はまだ自分で土地持ってるけど、今は〝相続放棄〟。相続放棄が三年で、今年ですね国会は食料・農業・農村基本法という農業農村の憲法と言われるものを改正したんですけど、内輪にいうとほんの一部の自民党議員で決めてて、役所がいう通りのそのままやっちゃうんですよ。食料・農業・農村基本法で今後日本の農業は何で生きて行くかって、何だと思います？「輸出」って言ってるんです。

及川：輸出！？

原口：勘弁してくれよってね。

石田：輸出するなんて出来ないです。

原口：出来ないですよ。だから要するに、国内の農業をどう頑張るかってことをやらなきゃいけない。

及川：だって日本人が食べるものを上げなきゃいけない？

原口：上げなきゃいけない。輸出どころの話じゃないんですよ。だからもうあっち向いてホイしてるんですよ。だから僕らの時に農家の戸別所得補償っていって、一〇アール当たり一五〇〇〇円、それが気に入らないとか言って一気になくしたら選挙に負けるじゃないですか。だから〝直接保障〟という名前に変えて五〇〇〇円。今もうそれないんですよ。農家がどんどんどんどんどんなくなってる。

及川：そういう意味で言うと、トランプさんの一次政権でその時は日本が安倍さんで、今日本も含めてトランプさんに戻ってきてほしいというのが多いんだけど、トランプさんはあくまでも自国ファースト、アメリカファーストなので、アメリカの農産物を買ってくれるところがあんまりないので、そうすると日本に買わせるしかない。

原口：そうなんですよ。

石田：それを買うために日本の農家を潰してるんですよ。今の政権は。

及川：これまたトランプさんが戻ってきたらまたもっとそうなるかもしれないですね。

原口：そうですね。ミニマムアクセス米とかもっと買えとかね。

石田：まずね、日本の農家とか相続の制度とか、その辺はやっぱり変えていって日本の生産力を上げるってことはもちろん大事なんですけど、例えば中東のＵＡＥとかも、砂漠の国ですからもともと食料自給率なんてほとんどないですよ。ほとんど輸入なんですよ。そこにやっぱり危機感を覚えて自分たちの食料自給率を上げていこうという動きがもう一〇年以上前から起きてるんですね。

アブダビ投資庁のすごい投資眼

石田：何をやってるかっていうと、すぐ近くにスーダンという国があってね。

及川：アフリカね。

石田：スーダンは青ナイル川と白ナイル川で合流するんですよ。その合流する地点が世界で最も灌漑農業のポテンシャルが高い場所って言われてるんですよ。なぜならその青と白でものすごいその水質の違う水、色ももちろん違うんですけど、土壌が全く違う。これが合体して合流するところがナイル川を生み出すんですけど、だから昔ナイルの賜物って言われたのはそのスーダンのハルツームで青ナイルと白ナイルが合流して、アレキサンドリアに注がれるあのナイル川が肥沃なその土壌と水を押し流して行くんですね。だからすごい農業のポテンシャルが高いんですよ。

なおかつ、じゃあその川の沿岸っていうのは農業の可能性高いですよね〜と僕はスーダンの大使に聞いたら、「いや石田さんこれね、川の沿岸だけじゃなくてナイルの水はどんどん四〜五キロ先まで染み込むんだ」と。染み込むから川から五キロ離れたところも水は出るし栄養価が高いと。だからなんでも育つんですって。で、そこに目をつけたのがアブダビ投資庁なんですよ。

及川：それすごいですね。

石田：十数年前ですから、まだ南北内戦やってるわけ。スーダンは。だからスーダンの土地なんてぶっちゃけタダ同然なんですよ。タダ同然の土地をアブダビ投資庁は大量に買収して、そこで野菜とか果物いっぱい作ってるの。

及川：アブダビ投資庁、その投資眼すごいですね。

石田：目の付け所がすごい。だからものすごい最安値で押さえて最高値で売るっていう、これを繰り返してるんですけど、政府系ファンドがね。

及川：カズさん、そのアブダビ投資庁と親しいでしょう？

石田：親しいけども担当者がやめちゃった。もうＣＩＯが知り合いだったんですけど、もうやめて今アブダビコマーシャルバンクかなんかに行ってますけど。

原口：それだけだったら自分で起業を起こせますもんね。

石田：だからアブダビ投資庁の人間は、例えばそのアフリカのアンゴラとかに行って土地を買うわけですよ。で、買った土地なんか何か活用しようかなと思うじゃないですか。じゃあアパートを建てるわけですよ。アパートを建ててアンゴラ人に売るんですよね。売ろうと思ったらアンゴラ人は「この五〇〇万円の家買いたいんだけど今二〇〇万円しかない」と。住宅ローンを使えばいいじゃないかというのが、住宅ローンがないんですよ。アンゴラに。じゃあ住宅ローンをつくりましょう、と仕組みを作って彼にローンを提供して住宅ローンを組ませるわけですね。それで、「このアパートを買ったはいいけど、もしも火事になったらどうすんだよ」って言われるわけですよ。火災保険に入ればいいじゃないかと。今度は火災保険がないんですよ。だから火災保険の仕組みもつくって、結局彼は土地を買ったところから始まって、住宅金融・不動産会社・損害保険会社全部やってます。これがアブダビ投資庁の人間なんですけどね。

そのアブダビ投資庁が真っ先に目をつけたのが、スーダンの青ナイル・白ナイルの合流地点で、ここをほぼタダ同然の価格で押さえて、そこを農業開拓やって。で、これ現地の人の雇用が生まれるわけですよ。それはアブダビからしてみたらＵＡＥの食糧自給率を上げることができる。それでフルーツとか野菜とかたくさん自国で、別の国で生産してるんだけど自国の保有する土地なんですよね。そういうことやってるんで日本からスーダンはさすがに遠いので、日本の隣国でね、例えば農業技術とかノウハウを日本に教えてもらいたいと言ってるところで土地が安くて豊富な作物が採れるような土地、それを日本の政府が押さえてアブダビの政府系ファンドと同じことをやればこれ食料自給率は海外で上がる。

陰徳の国「日本」がとるべき農業政策

及川：カズさん、今のＵＡＥの話の農業政策、日本こそそういうの考えればいいですよね。

原口：日本は全部それを散々東南アジアやいろんなとこにね、それこそ末次一郎先生、青年海外協力隊でやってんですって。やってきてんですよ。もう腹いっぱいやってきてる。例えば東南アジアに行くとですね、稲っていうのは五本いっぺんにポコって植えたら育たないんですよ。なんかそれが良さそうに見えるでしょ。一本一本植えなきゃいけませんよって教えてるのは日本です。

石田：ちょっとしたニュアンスですよね。日本人のその気配り。これってすごいね世界の人評価してるんですよ、実は。

原口：それでしかも土地ごと奪ったりしない。マイクロクレジットなんてのもね、バングラデシュ。それも日本と一緒にやってて。日本がなんで好かれるかというと、そうやってその投資でもって引き上げたりしないんですよ。丸ごと渡してくるんですね。

石田：助けるんですよね。

原口：助けるんですよ。だからやっぱり陰徳の国だなって思うんですよね。

石田：それやっぱり色んな国の人に言われます。日本人がやってくれた方が後々ずっとその国の人の技術も残るし、もちろん雇用も生まれるし、ずっと日本とのその関係もつながるしね。

原口：〝奪わない〟というのが日本のね。

カズさんとの共通の友達で川口くんというのがベナンにいて、太陽光のシールみたいなのでランタンプロジェクトってやってるんですよ。僕の親友のゾマホン君と組んで。

及川：ゾマホンさんね。

原口：ベナンもすごいポテンシャル多いけど電気が足りないんですよ。足りないものを日本からシールみたいな日本にあるような鋼鉄製の太陽光発電じゃなくてですね、そういうのはね世界で日本はやっぱり一番上手だろうと。

及川：今石田カズさんから、ＵＡＥが自国でやらないでアフリカで農業政策やってるっていう。そのアフリカなんですけど本来アフリカと一生懸命やってたの日本ですよね。

石田：日本ですね。

原口：日本です。今だとロシアと中国になってる。

石田：取られちゃいましたね。ＴＩＣＡＤなんてもうずっとやってんの。アフリカ開発会議。ここまでやってきた意味は何なのっていう。

及川：安倍さんなんか随分頑張ってやってましたけど。

原口：いっつもこのパターン。中国だってこれも散々さっき改革開放一生懸命やって、一番その果実、おいしいところを日本に返す時に仲悪くなれってやられてね。本当につまらんと思う。

及川：原口カズさんから、「日本といったら陰徳」ってね。今我々の方とかも問題視してる移民問題で、技能実習制度であれもいつの間にか結局安い移民を入れるじゃん、って。

原口：あれ移民制度ですよ。

及川：なっちゃいましたね。

「技能実習制度の実態」

原口：俺らね、国会で「技能実習制度の実態」というのをペーパーを出してたから、外に出すなというわけですね。で、「写せ」っていうから年末にダーッと手書きで写した。そしたらけっこう亡くなってるんです。

死因の一位何だと思います？技能実習生の。水死。

及川：水死？水？どういうことです？

原口：つまり飛び込んで自分で亡くなってんですよ。でもそれひどくて。受け入れ機関もちゃんと法律であるんだけど、ここで二重三重に搾取してたんです。

徹底的にやったけど、今度ね、ユキさんおっしゃるように、また新たな制度に変えたって。

石田：育成就労制度？と言いつつ結局これまでの制度の拡大版でしょ。

原口：そう、拡大版。

こういうこと言うと、僕が移民政策で一番学ぶべきはオーストラリアかな。オーストラリアってめちゃくちゃ入りにくい。シンガポールもそうですね。シンガポールなんか、不法侵入したらケイニングっていって鞭打ちの刑があったりするね。オーストラリアは入るのは難しいけど、入ったら同じ人間としてちゃんとするっていうね。

及川：永住ビザに近いビザっていうのを取るのにも、例えばアメリカだったら〝投資家ビザ〟というのがあって、日本円で数千万円でも投資したら取れるんだけど、オーストラリアは億単位です。

石田：年々上がってません？

及川：そう、上がってる。

原口：この間その外国人を受け入れてお世話してるけっこうでっかい企業の社長が言ってたけど、日本はビザがむちゃくちゃ不親切なんですって。再発行にむちゃくちゃ時間がかかると。結局時間切れになって居られなくなると。結局、日本を恨んで本国に帰る。

岸田政権とNATO

及川：ちょっと今あの移民の方にいったんですけど、話を戻して日本の安全保障のところなんですが、カズさんね、ＮＡＴＯとの関係が岸田さんになってからやたら濃くなってるんですけどこれはどうなんですかね？

原口：いや、もうわけわからん。だってそれこそカラガノフさんもキッシンジャーさんもミアシャイマーさんもＮＡＴＯを東方拡大させたらダメだと。それなのに東方拡大どころか、ロシアを飛び越えて東に移ってきてるんですよ。それやばいでしょ？

及川：ＮＡＴＯ関係ないですよね。

原口：関係ない。北大西洋条約機構。カズさんの番組だったかな。トリプルコンテインって。

及川：そこちょっと説明してください。

原口：これね、さっき申し上げた一九九二年にアメリカの秘密文書が明らかに作られたセルフガイダンス、二重封じ込めで、この二重封じ込めだけだってたくさんお金払ってなんかやってるのに、これにＮＡＴＯまで入れたら、ＮＡＴＯって絶対こっちまで来ませんからね。今やってるでしょ。ＮＡＴＯ軍との演習を。

石田：北海道。

原口：北海道。フランス軍、それからスペインとドイツ。まさに挑発行為ですね。結局意味ない。

あのときＮＡＴＯの東京事務所を開くっていってマクロンさんが反対したから止まったけど、あのままやってたらもっと酷いですよ。

僕はもう信じられないのは外務大臣なんですよ。軍事組織であるＮＡＴＯに一回も行ったんですよ。

及川：林さんが行ったんですか？

原口：そうです、林さんです。

及川：お親しい？

原口：お親しいというか同級生。

及川：どういうことなんですか。

原口：僕は彼に「ぬいぐるみか？着ぐるみか？」って。「本物どこいったんだ」って。そんな馬鹿なことをする男じゃなかったですよね。

消費税は〝日本弱体化装置〟

石田：あとユキさんね、アメリカのＢ３５（Ｂ５２）が実は秘密裏に日本の横田基地に運ばれてたっていう話ね。これあの日本の政府は、それを何も確認もない、チェックもできない。

原口：Ｂ５２？

石田：Ｂ５２ですね。これが四月にアメリカが勝手に輸送していたらしいんですよ。で、誰も知らないから、それが七月に入って東京新聞で一面に載ってたっていう話なんですけど、何も言えないんですね。調べることもできない。ひょっとしたらそこに核が搭載されているんじゃないかという、その可能性高いって書かれているわけですよ。でもそれを誰も調べることができない。

原口：これね、カズさんね、あの僕も政権取ったわけじゃないですか。それで国家安全保障会議のメンバーだった。日米合同委員会という、まさにその大臣も知らなければ総理大臣も知らないところで決めてる。でなんでそれやってるんだろうというんで、ずっと外交文書の密約を調べてたんです。そしたらね、基地権密約、管制権密約、環境権密約。一番酷かったのが、この間国会で取り上げた一九五二年の指揮権密約です。

当時のクラークっていうマッカーサーの後に極東軍司令官についた彼がですね、本国に向かって吉田茂との間で結んだ打電の秘密文書が明らかになっています。何て書いてあるかというと、「有事の時はJAPを指揮下に入れる」って書いてます。JAPですよ。JAPっていったら日本人に対する侮蔑の言葉でしょう。そのまんまの文章を国会で取り上げてた。だからよく日米合同委員会を解体して、あれを開示すりゃなんとかなるっていう人がいるけど、あれは花でいったら咲いた仇花なんです。その元となる茎とか根を変えないといけない。茎とか根は何かというと、これが一番がこの密約。それから地位協定。そしてもっというと財政法4条とかなんとか。占領の時にばかばかに入れられたもの。

だから、皇統についてもそうです。皇統についてよく右の人が、男系男子とかいるじゃないですか。あれも日本の皇統をみると別に男系男子じゃないんです。持統も女性でしょ。男系男子にしておくと皇統はなくなるんです。皇統を絶える、まさに制度的な洗脳じゃないという人まで。これアメリカで言われましたね。

及川：なるほど。その要するにGHQの時の、カズさんの言い方で言うと〝日本弱体化装置〟がいまだに続いてると。

原口：続いてる。最たるものが消費税なんですよ。僕、中曽根内閣のブレーンに教わったから、あの時に中曽根内閣で消費税導入しようとしたんですよ。三％にするけどこれ弱体……あの頃日本で「Japan as No.1」とかいって調子こいてて、アメリカから徹底的にプラザ合意だなんだで叩かれるわけです。日米構造協議とかね。そこで入れられたのが消費税なんです。それはそうですよね。付加価値に税を入れることは新たな価値を作ったら……。今日もね、こうやって作品を作ってる方とご一緒だけど、そういうのやめろってことでしょ。

石田：罰金ですもんね。付加価値に対する罰則だもんな。

原口：だから同一労働、同一賃金、同一税制にしなきゃいけない。今の消費税はますますですね、これ入れれば入れるほど非正規。そして給与にかかりますから。給与を減らせば減らすほど払う消費税は少なくて済むわけです。

石田：そうそうそう。だからそこが問題ですよね。正社員を雇っている会社ほど不利なんです。消費税の制度っていうのはね。

原口：その労働組合が、消費税を上げることを賛成するってありえないでしょ。

石田：それ自分たちの首絞めてるようなもんですよ。給料減りますよっていう。

及川：もうカズさんのほうから労働組合取り締まらないとね。

原口：いや俺ね、毎回言ってる。僕五つぐらいの立憲だから代表とかしてるんですよ。だから俺の言うことを聞いてくれよって。

及川：そうですよね。

石田：その彼らは根本的な消費税の仕組みっていうのを理解してないんですか？

原口：理解してないっていうか、財務省がずーっと嘘ばっかり言ってるんですよ。

石田：それを信じちゃってるんだ。

原口：嘘ばっかり言ってる。でもいつまでも騙されてるのも悪いでしょ。

石田：僕はずっと会計事務所で仕事してたので、消費税の申告書とか何十社も作ってたんですよ。計算して。その中でねやっぱり本当おかしな制度だなと思っていて、いや何で給料払ってる会社ほど消費税の負担が増えて。例えば借り入れをして投資をするとか、あるいはその支払利息に関しても消費税控除できないとかね。税金払ってても租税公課にはまた控除できないから、結果としてまあ二重三重四重に課税にするんですよ。なんか本当おかしな制度だなって。

原口：弱体化装置だからですよ。

及川：この辺のところが昨年の一一月のカズさんのがん寛解の会の…

石田：メインテーマでしたね。

及川：カズさんの方から仕入税額控除の話を説明していただいたんですけど、これ今後すごく重要ですね。

原口：重要だし、労働運動も今度非正規の人たちを集めた労働組合というのが絶対いると思います。

及川：なるほど。そういう労働組合じゃないと本当の意味で労働者のあの声を上げてないってことですよね。

原口：上げてないから、結局まあ自民党でもよかろうということになっちゃうわけですよ。

及川：それそうなるとトランプさんと近くになってきますね。

石田：あとやっぱ不思議というかおかしいのがね、普通の正社員に払ってる給料と例えば派遣会社に払ってる給料と同じ金額を払って同じ仕事をやってもらっても、手取りが三分の一ぐらいに減っちゃうわけですよ、派遣会社の方は。派遣会社ががぽって持ってってっちゃうから。そっちの方がどんどんどんどん増えてるんですよね。みんな派遣に切り替えるわけですよ。正社員の首を切って。こんなのずっと続けてたら日本人の仕事がなくなるし、外国人を雇った方が安いとかになるし。

及川：そういう流れになりはじめたときの大学出たぐらいの世代の人たちが、いま四〇代から五〇代。つまり社会に出てからずっと非正規。

石田：そうなんですよ。だからもうね、ときどきテレビとかで彼らのインタビューとか見ますけど、「将来不安じゃないですか」って。不安に決まってんだからね。社会保障も将来もないし、お給料増えないわ、税金抜かれて、ワンルームマンションでずっと一人で生活してて。結婚もできないし。

原口：すごい怨嗟ですよね。

そういう方々が、じゃあ権力に向かうかというと、権力に向かわないですね。自分よりちょっといい暮らしをしている人たちを叩くんです。要するに貧しい者同士の戦い。沈む船の中の椅子取りゲームというけど、これに一番引っかかる。
さっき契約社員とかおっしゃった、今最低賃金が千円ちょっとじゃないですか。これもうスイスがいくらかな、四五〇〇円とかだから、彼らが二時間で働くところ日本の最低賃金の人が一〇時間。この話をしてたら、この間スペースで。「最低賃金はまだいいですよ、契約になってる事業者になったら最低賃金関係ないですから。もう時給六〇〇円でも五〇〇円でも契約させられる」って。

及川：ああ、なるほど。

原口：だからもっとひどいんですって。そういう方がおられました。

及川：だから今の働く人たちの環境とか条件とかちょっと酷過ぎるんですよね。

原口：酷過ぎる。だから最低賃金も上げろとともにですね、やっぱり弱体化装置を抜かないと。

及川：その原因が消費税。

原口：そう。日本金持ってないっていったら、金融資産だけで一京持ってるって。それから外為特会一八九兆円ですよ。

及川：ため込んでるもんね。

原口：もうそれが世界最大の債権国ですよ。世界に貸しこんでる。なんでそんな金持ちの国がですよ、国民がこんな貧しいんですか。政治が間違ってんですよ。

「イベントやりましょう」

及川：今これずっとライブ一時間二〇分やってんですけど、原口カズさんのXライブ今四五〇〇人ですよ。

石田：すごいですね。

原口：俺今 YouTube もすごいですよ。

及川：いやカズさんの方はXライブの方です。

及川：で、越境 3.0 チャンネル。

石田：今二八〇〇人ぐらい。

及川：平日ですよ。しかも平日の昼間ですよ。

石田：しかも予告なしですよ、全く。告知なし。

及川：両方合わせたらすごい数ですよ。

原口：一万人以上ですよね。

石田：すごいですよ。同時アクセスで一万人以上。

原口：四五八九人。

石田：すごいですね。

及川：どうなってるんですか。

石田：だからみんな期待してるんだと思います。

原口：俺これ二時からやるって言った。

及川：でもこれだけこの平日の昼間に…。

原口：ありがとうございます。

及川：これ皆さんは最初から聴いてないと思うんですけど、三和書籍さんから今日の話を本にするので。

石田：三人の共著の鼎談。

及川：これ見た方々、漏れなく本をご購入ください。

石田：かなり濃厚なね、内容の本になります。

原口：早くAmazonで予約できるようにしてぶっちぎりの一位に…。

石田：スケジュール的にはいつ頃発売の予定ですか？

原口：もう原稿ほとんどできてますもんね。

三和書籍：今日の鼎談しだいなんですけど、分量的にまだ四割くらいなんですよね。

及川：じゃあ一一月くらいだ。今日のが入るとどうですか？

三和書籍：今日のが入るとなんとかなると思うんですけど…。
突貫でやるしかないと思います。

及川：突貫でやっていただいて。なるべく早く。

石田：そうですね。ちょっと三人でイベントもやりましょうよ。

原口：ええ、イベントやりましょう。一〇〇〇冊以上買ってくれたところは三人が行くとか。

石田：良いですね。

原口：間違った一〇〇冊だ。ごめんなさい。

石田：〇が一個多い！

今の右派の人たちはまさに「拝米保守」

石田：ちょっと移民の問題とその日本人の賃金の問題に関して、ちょっと付け加えたいんですけど、僕らの共通の知り合いで、なるせゆうせい監督という方がいるんですが、なるせ監督の『縁の下のイミグレ』の中でもすごいメッセージとして伝わってたんですけど、外国人の安い賃金の労働者をどんどん呼んで、なおかつ日本人の正社員を切って、派遣労働者とかバイトなりに切り替えてって。日本の企業は、もっと安くつくじゃないですか。もっと安い賃金でもっともっと安くなって、その例えば外国人労働者と日本人の労働者は賃金で比較されるわけですよ。で日本人高かったらもうこっちに行くわけですね。

結果としてこの一〇〇円で売られてる水は、もう九五円とか九七円とか、これもどんどんデフレに向かってるんですよ。実質は石油価格が値上がりしてるから、デフレじゃなくてスタグフレーションというふうに言われてるわけですけど、基本的にはデフレというか付加価値に対してのインフレってないわけじゃないですか。何インフレでしたっけ？

原口：コストプッシュインフレ！

石田：コストプッシュインフレですよね。そうなるともうどんどんこの結局本質的なデフレから脱却できないわ、日本人の賃金はもうどんどん下がるわ。

及川：しかし物価が上がるわ。

石田：しかし物価は上がるわ！

原口：だから貧しくなる。

及川：最悪だよね。

石田：それの今けっこう入り口に差し掛かって、離陸しようとしてるぐらいな勢いがありますよ、岸田政権には。

原口：二六カ月連続実質賃金マイナスで。

石田：それが表してると思います。

原口：こんなことないです、今まで。

石田：ないですよね、今まで。

及川：カズさんが言ってくれたことと全く同じ現象が、ちょっと前のアメリカにあって。その時に共和党の一時大統領候補になりかけた人で、マイク・ハッカビーって人がいたんですよ。マイク・ハッカビーの今いる娘さんが州知事になってるんですけど、このマイク・ハッカビーが共和党に警告してて、「共和党はこのままじゃダメだ。労働者の党に変わらなきゃいけないんだ」これをずっと言っててわかってたのはトランプだけだと。これ、まさにですよね！

今のカズさんの説明の通り、もう庶民が忘れ去られているわけですよ。

原口：しかも九九・九九％の人たちなんですよ。

石田：社会保障費も上がって、労働保険と雇用保険とか所得税、住民税、ひょっとしたら消費税も上がるかもしれないって、何から何までこうやってどんどん税金取られるじゃないですか。もう雑巾のように搾り取られてるわけですよね。

原口：搾り取ったのじゃあどこにあるかというと…。

石田：ウクライナにプレゼントして。

原口：ろくでもないフォーリン・ミリタリー・セールスのガラクタに使ってる。

及川：とんでもないですね。

及川：とんでもないです。そのとんでもなさっていうのはね、我々共通で知ってるので、これをね、ご覧の皆さんもぜひこの構造を理解していただいて、声を上げるしかないですね。

原口：そうですね。横につながればこっちの方が多いんですから。だからお互いがお互いを右だ左だ、保守だ革新だっていうから思う壺なんですよ。

及川：それがまた分断なんですよね。させられてるだけなんですよ。

石田：それはもうグローバリズムの思う壺なので、そこで我々分断されてはいけない。横でつながらなきゃいけない。

原口：僕は右派に育てられたんです。末次先生とかの。だけど今の右派の人たちは右派じゃない。保守じゃない。まさに拝米保守。拝米タイムズばっかり見てるからそうなるんですよ。

石田：日本のテレビとか新聞、大手マスコミは本当のこと言ってくれないじゃないですか。だから結局例えば今度僕らが三人で出す本をね本当に買って読んでいただいたりとか、三人のXを見ていただいたりとかね、まずひとりひとりの日本人がその真実を知らないとダメですよ。日本の政府が何やろうとしてるのか、海外とどんな関係を持ってどんなことをやろうとしてるのか。

及川：これね、多分今カズさんの話に出てきた日本のメディアもそうだし、それから大きい政党もそうだし必ずバックに何かあって、そこからお金が流れるからその範囲内でしか言えない。だから忖度してるわけですよ。

原口：既得権益の塊。

及川：だけど我々の共通点はカズさんなんか本当に大きな政党に入ってる、その幹部なんだけどみんなインディペンデントなんですよ。

石田：インディペンデントしてるんですよね。そこなんですよ。だから僕らの共通のテーマは「インディペンデント」。

及川：だからどこからもお金もらってないですから。

原口：いらないですね。

石田：もらってるとしたらYouTubeくらいです。

原口：僕それもなくなった。

及川：我々それすらなくなった！

石田：二人はそれすらなくなった！

及川：もう超インディペンデント。

石田：スーパーインディペンデントですね。

原口：どんどん追いやられてるし。

自民党に、ワシントンに忖度する日本の報道

石田：何にも忖度しない依存しないというね。

　だから結局エドワード・スノーデンさんもおっしゃってましたけど、日本のメディアに対してマスコミに対してどう思われますか、と。その質問でスノーデンさんが言ってたのが「権力に忖度していたらそれは報道とは呼べない」と言ってますから。はっきりと。日本のテレビ・新聞がまさに権力に、自民党に、ワシントンに忖度してるわけですよ。

原口：報道の自由度が七〇位っていうから、言うことを聞いたらダメだってことですよ。

及川：本当にひどい。

原口：ユキさん、総務大臣の時に電波オークションっていうのを入れようとしてたんですよ。

及川：それはなんですか？

原口：それはね、先進国は地上波にしろ何しろ、全部オークションで決めてるんです。僕が総務大臣の時だから、もう一五年ぐらい前の時に試算したら電波オークション入れればだいたい五兆円ぐらい国庫に税収が入ります。五兆円って言ったら、当時の消費税が一〇兆円ぐらいなんですよ。それ言った瞬間に「悪魔の総務大臣」って言われて。それまで一緒にテレビとか出てたじゃん。四つぐらいレギュラー持ってたから「あいつは悪魔だから二度と出さない」ってことになって。それで朝、じゃあいいよと。俺は自分でメディアを作ったろっていうので五時からやってるんですよ。

及川：すごいですよね。

石田：一五年前のね、カズさんとの一緒に日テレの「太田総理」の。

及川：ここのメンバー二人同じ番組出てたんですね。

石田：同じ番組出てたんですよ。多分二、三回ご一緒してるんですね、楽屋とかでも。その時もねアーカイブ動画をみたんですけど、今とね、言ってることは変わらない。

及川：本当に？

石田：本当に。結局、アメリカのワシントンとかグローバリズムの資本家っていうのがどれだけ酷いのかみたいな話をね、当時してたわけです。

及川：その時代にそれ言ってたのって超早いですね。

石田：「太田総理」って、太田光がね爆笑問題の太田光がマニフェスト出して賛成か反対かで分かれるんですよ。ガチャガチャ議論するわけよ。でもカズさん反対側にいたんです。僕もまだ若かったからね、グローバリズムも何もわからないし、アメリカがNo.1だなって何となく思ったんですけど、カズさんはその時から「違う」と。

『ミヒャエル・エンデの遺言』

及川：それでもカズさんは、そういうブレない信念というかそういうのって、いろんな師匠の方のいろんな名前が出ましたけど、そういう影響があったんですか？

原口：そうですね。それとやっぱり歴史ですよね。

一九二九年世界大恐慌、あの時にアメリカ自体も世界ももうひっくり返ったわけですよね。一九三一年かな、当時のハーバード大学のゲイ教授の言葉が、僕はその時歴史を調べる中でですね、何て言ってるかというと、「実体の経済とバーチャルの経済がこんなに乖離してしまった」と。例えば本当はこれぐらいの価値しかないのが、このビル全体の価値だとみんなが思ってそれに狂奔した。バブルが起きた。

及川：それがまさに株式市場ですね。

原口：で、「それが実はこんだけしかなかった時にみんながパニックになって、そして前と同じ方法で対処しようとして政策資源をどんどんどんどん失って戦争に向かうんだ」と。これが一九三一年のゲイ教授の学長の言葉なんですね。

僕は当時NHKがこんなじゃなかったときに『ミヒャエル・エンデの遺言』っていうのを出したんですよ。『ミヒャエル・エンデの遺言』って何かというとドイツの童話作家のエンデが遺言みたいに残してて、タヌキのお金、タヌキがドロンってお金にするじゃないですか。あれは葉っぱだからいつか土に戻るからいいんだと。バーチャルなマネーがどんどんどんどん増えると何が起きるかというと、格差が拡大し紛争が拡大し結局それを三年に一回ぐらい今バブルがはじけて埋めるために財政が破綻している、と。一番苦しいのは貧しい人だと。だからバーチャルなお金はどこかで減価させなきゃいけないっていうのが『ミヒャエル・エンデの遺言』。それを多分その時言ったんですよ。

で同じことを二〇〇五年にティモシー・ガイトナーさんってのちに財務長官になるのが友達だったんで、彼がニューヨーク連銀の総裁に成り立てだったなんかニューヨーク連銀室ってすごい権威のあるところでちょこんと座って「寂しいでしょう」って。「ここ居心地悪そうね」って言ったら「うん、そうなんだ」って。今はバーチャルのマネーがでかくなりすぎてるから、これをリダクション、リデュースするシステムを作んなきゃいけないっていって、翌年があれです。サブプライムローンのバーチャル。

及川：そうなんですか。

原口：その通りだって言ってたんですよ。だからユキさんはアメリカの政治にお詳しいからあれだけど、ランド・ポールのお父さんのロン・ポール、彼が三回ぐらい前の大統領選挙に出てるんですけど、そこで言ったのが「End The Fed!」。「中央銀行を廃止せよ」というやつです。多分それをね、カズさんに言ったんです。

石田：なるほど。その当時のを聞くとね、すごいイっちゃってる。一五年前ですから、今聞くとすごいストンと落ちますけど。でもここまで勉強されて調査されて日々情報収集している国会議員って他にいないでしょ。

原口：それは戦争を止めるためなんですよね。結局あの時も三一年といえばもう第二次世界大戦直前じゃないですか。世界がなんでそうなったかっていうのを調べたら結論はそうなんですよ。だから今大規模独占集中搾取のマネーのパラダイムから小規模分散共同共生に変えようっていうのもその辺にあるんですよね。

石田：それすごいね、いいお話だと思うんですけど、それって地方の小さな町とかも彼らなりの生き残るやり方っていうのを模索すべきなんですよね。

原口：ブロックチェーンでね、例えばテキサスなんか地域通貨をブロックチェーンで作ろうとしてるじゃないですか。そうするとそのマネーは貪らないんですよ。僕の佐賀県だけで、当時カズさんそういったことあるけど、佐賀県で原発があるから外からお金もらってるかというとそうじゃなくて、佐賀県のような原発県でも外に対して五〇〇〇億払ってるんです。エネルギー代を。

そのエネルギー代が地域を循環するメガソーラーじゃない、そうじゃなくてもっと地に足を下ろしたようなエネルギーで循環させたり、よく地熱とか、カズさんもおっしゃってたけど。そしたら五〇〇〇億が循環すれば佐賀県の県庁代分ぐらい出るんです。そういうのを今目指してるんですね。

及川：そこに投機だとかね、入ってくるからおかしくなるんですよね。

原口：投機のマネー、プレデターはそこで防がなきゃいけないんですよ。だからキャピタルゲイン課税もアメリカで三九・六％あるっていうのはそういうところですよね。

及川：なるほど。カズさんが非常にご出身の佐賀を大事にされていて、毎週佐賀に戻られて、佐賀の発展というところに関わられているのは、やっぱりそういう地方の小規模で佐賀の、日本全体だけじゃなくて、さらには佐賀の独特のやり方が？

原口：そうです。つまりユキさんアメリカ長いからおわかりでしょうけど、日本っていったってカリフォルニアと同じぐらいの面積ですよね。その中に限界集落があるのはおかしいじゃないですか。ところが日本はどうなってるかというと、中央から遠ければ遠いほど昔の価値観だと価値が低いみたいに思われてるんです。でも逆なんです。地域の循環するもの、あるいは歴史。今日もカズさんが朝神社の話だけどああいうものが一番残ってるんですよ地方は。だから価値が僕逆転すると思うんです。

原口：佐賀良いですよ〜。食べ物も美味しいし。

及川：カズさんの特に朝の5分間…。

原口：5分クッキング！

及川：あれ見てると、なんか佐賀には美味しい物がいっぱいあるって聞こえてきた。

原口：美味しいものばっかかで、でしかも安全なんですね。だから家で植物栽培してる。果物は庭から取ってきて…。

及川：原口園芸？

原口：原口園芸！

及川：ご自宅の庭でいろいろ作られてるんですね。

原口：作ってるんですよ。

及川：それをその中の朝摘みのように…。

原口：朝摘みやってるんですよ。もともとそういうの全く興味なかったけど、嫁さんが亡くなって天国から見れるようにって言うんで、ある市会議員のOBさんがバラを一本植えてくれたんですよ。で、砂漠のような庭に一本ポコって植えてあるのもこの子もかわいそうって植えてるうちに、バラ園になったんですよ。天国から見て喜んでるだろうなと思いますけどね。

原口一博さんXライブ放送五〇〇〇人

及川：色々作られて。
今、原口一博さんXライブ放送五〇〇〇人。
原口：本当だ五一五八人。すっげえ。
及川：じゃあちょっとそろそろまとめに…。
原口：そうですね。
及川：こんな感じでよろしかったですか？いいんですか、本になりそうですか。大丈夫ですか。

原口：遊びすぎですか。

国民投票法は穴だらけ

及川：ええと、やっぱり重要なところで憲法改正。改憲議論っていうのは、このまた右と左で色々あって、これがまたどんどん変わっていっちゃって。

原口：憲法の改正の中身が変わってますよね。

及川：憲法改正とか今国会の中でどうなってるんですか？

原口：いやもうグダグダ。僕はね、憲法改正って二〇〇四年に民主党の憲法改正案作ったんです。僕だけじゃないけども、〝自国の憲法を自分たちの言葉で書く〟って大事なことなんです。結局その九条のことだって、あれ普通に考えたら軍隊持てないですから。そこで逆に許しすぎてですね、憲法というのは権力からその国民を守るためのもので、どんなに民主的に選ばれた政権であろうと間違える。だからあらかじめ憲法というものを定めておいて、その中で僕らは自由に生きることができるし、生きるべきなのが立憲主義です。ところがそれが完璧に崩れてる。ちょっと改正の中身に入る前に、これぜひ皆さん協力してほしいんだけど、俺も自分の出した法律が何回無視され続けてきたかなーって。一五ぐらいかな。

及川：そんなに！?

原口：それ何かっていうとですね、憲法改正の中身はちょっと今言わんとして、改正するためには、改正するのは俺らじゃないんですよ。国民の皆様で。この国民投票法はめっちゃ穴だらけ。だってどこの国が関わった、ロシアがどうのこうのっていってるじゃないですか。どうのこうのじゃなくて日本の国民投票は外国人がＣＭに金出して良いんです。どうなります?それで。それを塞ぐ法律を国会に出してるけど、〝吊るし〟っていって議論させてくれない。憲法審査会が下ろしてこない。おかしかろう?まずこっからやろ。

石田：仕組みそのものがまずおかしいんですよ。

及川：でも今のでわかった。それなら左翼系の地方自治体なんかは外国人に国民投票入ってもいいいんじゃないか、とかやれちゃうんですね。

原口：そうですよ。それもおかしいし。

　国民投票に大金持ちのね、例えば中国なんてむちゃくちゃ資本でかいじゃないですか。アリババでもなんでもね何百チャンネルと持ってる。ああいうところが金出して「こっちがいい」とか言ったらそっちに流れるじゃないですか。まずここを止めるってこと。それから何を間違えたか緊急事態条項だったらなんとか通るだろうと。今だって緊急事態の時の法律があるんですよ。

及川：ありますよ。すでにあるんですよね。

原口：それをやるって言うのは、ワイマールの時のナチスと同じで憲法の停止条項なんですよ。一緒に憲法考えてた人間が、もうとにかく〝憲法改正〟と言えば何でもいいっていう。これ憲法の今安売り、一番やっちゃいけないこと。

石田：やばいですね、それ。

及川：それでいて国民最後の国民投票のところは…。

原口：外国人。

及川：根本的にはおかしいわけですね。

原口：ズブズブでしょう。

憲法というのは九条もよく言うけど九九条なんですよ。九九条っていうのは「憲法の尊重擁護義務」。憲法の尊重擁護義務を果たさん。今の法律も裏金で適当に何千万も裏金取ってて、そういうのがルールを決めるんじゃないっていう話ですよね。

やばい。今本当にヤバいと思う。

二度の政権交代がなぜ失敗したのか

及川：そういう中で、このままでいったら岸田さんがまた続く…。

原口：フォーエバー岸田さん。

及川：多くの日本の世論の中では、やっぱ政権交代のときではないかと。普通の国だったらね、イギリスがこの前政権交代しましたし、これから続々とそうなってくるだろうと。トランプさんって政権交代になるかもしれない。日本どうですか？

原口：その前にイギリスでいうと、労働党がアンチグローバリズムで勝ったんじゃないですよね。あれもユキさんのチャンネルでおっしゃってる、もう一個の第3勢力が勝って、リフォームＵＫが勝って、保守党が負けたんです。だから向こうもグローバリストからグローバリストになってんですよ。
日本も、僕立憲の中にいるから言いにくいけど、立憲なんかもう結局過去二回の政権交代、なんで失敗してるか。細川内閣も、あれも、二つのことで失敗してるんです。これ全部グローバリズムからの挑戦。一個が消費税。これを上げるかどうかって…。

及川：あれも小沢一郎さんでしたっけ？

原口：細川さん。腰だめのあれだっていうんで、政権取ったばっかりのところが消費税上げちゃいけないんですよ。でもうちもそうだった。消費税は上げないと。実はあのマニフェスト、僕らが作った時には約三一兆ぐらいを組み替えるやつなんです。高速道路無料化とか。財源が足りないとか言って〝八兆円足りない〟で放棄してるんですよ。今の岸田内閣とか安倍内閣見てみてください。何十兆って〝足りない〟んですよ。どんどん使ってるでしょ。それで消費税を上げちゃったから失敗したんです。これが一個。

及川：共通してるんだ。

原口：共通してる。

及川：細川内閣と民主党政権と。

原口：民主党政権とすごく似てる。要するにグローバリストの入れた弱体化装置を強化しようとしてコケてるんですよ。

それから二番目。これも全く同じ。北朝鮮。

及川：ええ？そうでした？

原口：一九九三年当時は北朝鮮が核開発して、まさにクリントン政権の時に、ＫＥＤＯだなんだって直前まで核戦争になりかけた。

及川：そうだね、九三年だった。

原口：そうです。あの頃です。あの頃右左に分断するんです。で、右左に分断するからあの時九党派（八党派）の中で一番最初に出て行ったのは右派の民社党だった。北朝鮮との関係でこいつらみたいなのと一緒にやれるかって逃げる。今度民主党はどうかっていうと、これも完璧な日本版ゾルゲ事件。普天間から六五海里以上のところには基地を作っちゃいけませんというのを嘘を言った人間がいた。それを首相に思い込ませたわけです。

及川：それは鳩山さんに？

原口：鳩山さんに。じゃあそれは嘘だったと。結局最低でも県外というのは敗れて今度は左派の社民党が逃げてった。グローバリストに、戦争屋にやられてますよね。
　六五海里問題って今初めて聞いた人はおわかりにならないと思うけども、鳩山さんに嘘ついた外務官僚と防衛官僚がいたんです。この間アメリカで会ったりですね、その人たちむちゃくちゃ出世してます。

及川：超えらくなってるんですね。

原口：でもそんぐらいその侵略されてるんです、日本。
　じゃあ今度政権交代するかというと、まだうちにもその混ざってるんです。緊縮も混ざってるし、ウクライナももっと支援しろとかいって。でもそれわかりにくいでしょ。だから〝この指とまれ〟でね、再編すべきだと思います。ある意味二八九の小選挙区を今日のテーマの「日本弱体化装置を外す」、衰退から成長に。それから、もう一個は〝独立自尊〟。チャンスなんですよ。アメリカがトランプさんに代わってグローバリストが追い詰められている。そして今回のでは言えない例の注射の件についても国民を守ると。

石田：今チャンスなんです。そう考えたら。

原口：セットフリーなんです。今日ね、テス・ローリーさんがさっきまでいたけども、〝One World, One Health〟で、ワールドリセットじゃなくて、彼らのグローバリストのやり方にリセットするんじゃなくて、私たちが縛られているものを自由にする。だからある意味〝自由革命〟っていうかな。自由改革というのはそれのチャンスだと思うんですね。

及川：それを国会議員の中で一番旗振ってるのが原口カズさんですね。

原口：そうですね。

だいぶ増えてきた。だから今、〝憂国連合〟って言ってるんです。

及川：ユウっていうのは…。

原口：〝憂うる〟ですね。これあの新渡戸稲造先生が愛国者、本当はペイトリオッツなんですね。グローバリストに対抗する言葉は愛国者、ペイトリオッツです。で、だけど〝愛国〟っていうと日本昔なんか変な風に使われてるんで。〝愛国〟ってすごく大事ですよ。だけど新渡戸先生は〝憂国〟って言ってたんですよ。僕らはそれをさらに、〝和の国〟だから人がいっぱいついたら優しい国になるんです。〝憂国連合〟っていうのを今作ってるんです。各地で作っていただいて。

今だいぶ四七都道府県でできてきたんですね。
だからこれご覧のあなたも候補者になって、日本を立て直すの手伝ってください。

Xライブの数は期待されている証

及川：ということでええ約二時間近いですね。
二時間弱にわたってあの話をしてきて、もうカズさんのXライブ五五〇〇人です。

原口：すごいな、ありがとうございます。
感激、涙出ます。
本当だ。五五〇六人。

石田：やっぱそれだけ期待している証ですよ。
何かが動くかもしれないとね。

及川：YouTube の方がこれアーカイブ入ったらもう一〇万。

石田：あーそうですね。うちの〝越境 3.0〟も五〇〇〇人近く…。

原口：すげー。

石田：アーカイブで一〇万人ぐらいいくと思いますね。

原口：YouTube でバンにもかかわらず八四〇、こっちが三〇〇〇人だ、本当だ。

及川：これバンの影響ですね。本当はもっと、本当はもっといったでしょうね。

原口：でしょうね。こんな数じゃないですもん。

及川：出ないんですよ。YouTube のおすすめとかに。収益化が止められたから。

石田：インプレッションが下がるんですか？

及川：それでもXがついてます。

原口：Xの皆さんありがとうございます。それでも来てくださるYouTubeの皆さんありがとうございます。

及川：もうこれコアなファンですねえ。

朝のXの原口カズさんのスペース

石田：皆さんにはね、朝のXの原口カズさんのスペースをね、ぜひ参加してこういう話をね、毎日いろいろテーマを変えて配信しています。

及川：石田カズさんは毎朝…。

石田：毎朝！

原口：散歩中で体鍛えながら、ちょいワル先生と…。

及川：朝散歩してるんですね？

石田：朝ウォーキングしてるんですけど、大体朝五時ぐらいに起きて、家を出て、イヤホン付けて参加するんですよ。ウォーキングしながらカズさんの聴いてるんで、最初はラジオ代わりに聴いてたんだけど、声かけてくれるじゃないですか。「カズさんおはようございます」って。「昨日のイエメンとサウジアラビアの～」って話しかけてくるわけですよ。コメント求められるから、しゃべるでしょ。しゃべりながら歩くとけっこう体力使うんですよ。

原口：坂でハァハァ言いながら！

石田：途中上り坂もあるんで息切れして…。

原口：ユキさんのWisdom on Xとそれからカズさんの越境3.0を流して、皆さんにこうですねって。今円がねどうなるかそういう…。

石田：その後コメントを求められるんで、ちゃんとしたことしゃべって。

及川：ちょいワル先生、有名人になってますね。皆さん知ってますか?ちょいワル先生。石田カズさんと毎週月曜日でしたっけ。

石田：為替のアナリストなんですけども。明日そういえば宮崎に一緒に行きます。

原口：原油と世界経済。ドルと原油と世界経済。

及川：朝のカズさんの番組が出演者が急に多くなって…。

原口：多いですよ。一人なんか謎の怪人のドラとかいうのがいるんですけど…。

及川：ドラさん面白いですよ。

原口：ドラもうやばくて、この間TOLANDO Vlogに出て。

及川：出たんですか。

原口：出たんです。もう放送禁止用語言いまくって、あの若者たちの大事な番組がドラので潰されないかって、もうヒヤヒヤしてんですよ。

俺、呼ばないでくださいって言ったんですよ、危ないから。

石田：カズさんのXが、コミュニティ化してますよね。みんな横でつながっててね。

及川：なんか分野全然違う人たちがね。

原口：そうそうそうなんですよね。

及川：田中陽子先生がいきなりレギュラーメンバーになってる。

石田：レギュラーですね。

及川：大阪でね、精神科医やられている、グローバリズムと戦う精神科医っていう。

石田：陽子先生頑張ってますよ。

原口：陽子先生が今回のマイナ保険証の件も一番詳しいです。

石田：腹立ったよ。マイナ保険証の仕組み。

原口：医者じゃないからね、僕らもわからんあれ。

石田：あんなことが起きてたんだ、って。

及川：今度陽子先生と一〇月に大阪で二人で講演会やります。

石田：聞きました。でっかい会場で。

原口：横でつながってんだよね。

石田：そう。ユキさんにもね、朝のXのスペースに参加してって言ったら、ユキさんが朝のその時間は瞑想中なんですって。

及川：宗教家なんですから。
　私も同じことあった。私も朝ジョギングしているんですけど、そしたらカズさんに突然呼ばれて、お～っと思って…。

原口：すみませんね、いろんな人を呼んでるんです。

石田：一時間くらいやってるとけっこうつらいですよね。
　朝ウォーキングしながら聞いてるんで、すごい、一時間半ぐらい歩くんですけど。

及川：一時間半ってすごいですよ。

石田：で、昼間とかも歩くじゃないですか。だからここ一ヶ月のね、平均歩数が一日一万九千歩とかなんですよ。

原口：僕も本当はね、あのトレーニングしながらだとあれだから、ここにつけて、それで配信してたんです。

なんでかっていうと院内感染で朝起きた時が一番辛かったんですよ。だから全然もう排泄も何も全部ベッドの上っていうので、朝起きた人たちにきれいな景色を見てもらおう、美しい花を見てもらおう、空の風を感じてもらおうって始めたんですよ。

及川：そうだったんですか。

原口：ところが、この頃、僕は机の上にいてやってるんですね。

及川：いろんなプラットフォームを駆使されてたんですけど、なんともYouTubeがね、検閲してきてね、もうちょっとこれはまた対策をがんばりましょう。

原口：そうですね。

「龍を集めろ」あなたも龍に

及川：はい、ということで二時間に渡ってきました。

石田：長尺なのにありがとうございました。

原口：今日俺午前中からずっと英語でしゃべってるから、日本語ちゃんとしゃべってましたかね。

及川：いやいや大丈夫です。
どうですか？ボリューム的には？

三和書籍：大丈夫です。

及川：いけますかね？
佐賀でやったのが一時間二〇分ですよね。今日は二時間。

原口：この間やったのがあるでしょ。

及川：あれも使えるもんなんですか？

三和書籍：あれはちょっとどうしようかなと。

及川：あれはほとんど企画会議みたいな感じだったんです。
これでトータルでも三時間以上ですよ。

原口：ね。これで今度予告してやったらこれ何十万人になるんじゃないですか。

及川：予告してやればいい。サムネとか公開してやった方がいい。

我々予告してないからね。

原口：俺らもゲリラライブですからね。

及川：はい、ということでじゃあ、これでカズ・カズ・ユキ鼎談、二時間にわたってお送りしましたけど、これが本になりますので。

原口&石田：よろしくお願いします！

及川：三和書籍さんから、近いうちに出ます。Amazonで予約のページ出していただいて。

石田：三和書籍って名前もいいですね。三人の和ですよ！

原口：和みの国、日本。「和をもって貴しとなす」

及川：今日社長さんも来ていただいているんですよ。素晴らしいですね。
原口：社長さんが岩手っていうのでもう本当にね。水沢だよ、水沢に帰れだよ。
石田：しかも僕、和靖なんで、三和の和ですから。
原口：「龍を集めろ」あなたも龍に。よろしくお願いします。
及川：ということで、三和書籍さんのこの本がいざ出ると、予約になった場合には皆さんぜひ、よろしくお願いします。
原口＆石田：よろしくお願いします！
及川：ということで今日はせーので

原口：Here we go で。

石田：じゃあ皆さん、また引き続きよろしくお願いします。本日も最後までご覧いただいてありがとうございました。

３人：Here we go!

第3部　ここだけの話

アイスランドに学ぶ「地熱」の活用

及川：石田カズさんのアイスランドの地熱の話なんですけど、前にカズさんからもし地球で核戦争が起きたときに、生き残るのはアイスランドだという。

石田：太陽が消えたとき。

及川：もし核戦争になったら、地球上が核の灰で覆われて太陽の光が入ってこなくなるんですよね。それで人類が滅びるといわれているんだけど、核を打たれることによってよりも、太陽が遮断される。

石田：核によって太陽が遮断される。それもあるな。

及川：そのときに地熱を持っているのは、まさに。

石田：地熱を実生活に推進している国だから、まず太陽の光が消えたら寒くなるじゃないですか。太陽がなくなったら、実際半年間でマイナス二六〇度まで下がるらしいんですね。地球はもともと熱源を持っているから、一気に寒くなるんじゃなくて、時間をかけて寒くなっていって、最終的に半年後にはマイナス二六〇度まで下がるらしいんですよ。それをアイスランドは、地熱が全部都市部にはパイプラインで普及しているし、地熱暖房とか地熱パイプラインとかで地面とかも凍らないし、最低限暖はとれる。だから寒くないんですよ。意外と。

及川：実際に、もし核戦争で核の灰によって太陽の光が遮断されたら、もう植物が育たなくなる。

石田：そう、光合成ができなくなるから、食料が、野菜が育たないんだけど。アイスランドは地熱ファームっていってね、地熱を使ってＬＥＤのライトとかで育つんですよね、野菜が。

原口：しかも暖がとれますからね。

石田：暖もとれるんで、宮古島マンゴーとかもアイスランドで作れるんですね。技術的には。実際イチゴとかは作っているんですね。だから、はっきりいって食料は大丈夫。地熱があれば。

及川：ちょっとアイスランドってものすごい国ですね。

原口：しかも、人口三七万人ですからね。

石田：三七万人で、カズさんがしょっちゅう言っている独立自尊という気持ちをすごく強く持っている。

原口：自主自立のこと。これがあると全然違いますからね。あすこに五誓（松下幸之助のリーダーシップ論）というのがあって、素志貫徹の事、自主自立の事、万事研修の事、先駆開拓の事、感謝協力の事。

及川：素晴らしいね。

石田：日本はね、連帯責任っていうのは、協調性もあってすごくいいのはいいんだけど、その連帯責任があまりにもいきすぎちゃうと同調圧力に変わるんですね。

原口：たしかに。

石田：みんなと同じことやりなさいよってなっちゃうわけですよ。それが今日本はいきすぎちゃってるし、そういう方向になんか仕組まれちゃっている、教育とかそういう面から。実際日本の会社とか、例えば誰か担当者が来て、ここで打ち合わせしたら、じゃあこういうのやりましょうよとかって話ししても、だいたい持ち帰って検討しますとか。

及川：それが多いですですね。

原口：検討士が多いですよね。

石田：でもアイスランド人の場合は、個人の判断に全部委ねているから、やりましょうってなるんですよ。やらないなら、やりませんってなるんですよ。その場で判断するんですよ。だから早いんですよ。なんでも。

及川：アイスランドの人口、三七万人。日本の都道府県で一番人口が少ない鳥取県でも五五万人。すごいコンパクトな人口ですよね。

石田：小さな政府。

及川：それだけど、それだけの力があるってわけですね。

石田：そうです。ちなみにアイスランドの首相官邸は、壁もなければガードマンもいないんですよ。玄関に行ってピンポンって誰でも鳴らせるんですよ。ピンポンダッシュとかできちゃうんですよ。それだけ風通しがいいんですよ。

原口：首相官邸でピンポンダッシュ。

及川：ある意味天国的な国ですね。

石田：元大統領なんかも普通の家に住んでいるんですよ。大統領の家に行ったことがありますけど、中に入ったことはないけど、家の前まで行って普通でした。玄関とか。普通のお家。別にでっかい家じゃなくて。

原口：幸福度指数がむちゃくちゃ高いですね。

石田：幸福度指数はいろんな指標があるんですけど、多くの指標で世界一位。アイスランド人って物質的なものに欲望がないんですよね。

及川：それすごく大事ですね。

石田：日本人だと、例えばお金を持ったら大豪邸を建てるとか、高級腕時計とか高級車とか。物質的なものに自分の豊かさを求めるじゃないですか。

原口：それが不思議でたまらない。今、ワクチンのあれやっているじゃないですか。それも、旅行に行くと五〇〇〇円つくからとか、あれでつられましたって人はけっこう多い。

及川：こんなに簡単に日本人、つられるとは。

石田：日本のワクチンって無料だから射ってくださいていったら、射ちたがる人がいっぱいいるでしょ。だからいい治験国家にされるわけですよ。猿とかネズミとか使うよりも、日本人の方が金かからないんだから。実験するのは。無料だったらみんな射ってくれるんだもん。

原口：今回、レプリコンですごい被害でてるみたいです。

石田：Xかなんかで見たんですけど、四〇〇〇人のうち一〇人死んだとか。即死、即死ですよね。射ってすぐ、即死。

及川：全世界でメッセンジャーRNAワクチンによる死亡者が推定では一七〇〇万人。だけど本当はもっと多いんじゃないか。

石田：でしょうね。

原口：今回レプリコンで即亡くなってて、やっぱりシェディングしてるみたいですね。

及川：そんな中でね、今回アメリカで、大統領選挙にロバート・ケネディ・ジュニアという、ちょっとその前にアイスランドの話もうちょっと突っ込んで。

原口：地熱。地熱を日本でどうやって広げればいいかをやっぱり言っとかないと。

及川：じゃあ、アイスランドの話の続きで。

石田：地熱ってのはけっこう魅力的なんですよ。いろんな意味で。日本は地熱エネルギー量が世界第三位。なおかつ地熱タービンのシェアも世界七割。できるんですよ、やる気さえあれば。

なんでやらないかというと、まず一つは法律。国立公園に発電所を作ってはいけないという法律。その理由は景観を壊すからというんですよね。これはアイスランドの発電所を見たらわかるんですけど、景観に溶け込む発電所を彼らは作ったんですね。どっからどう見ても美術館ですよ。

及川：美術館！

石田：発電所なんですあれ。美術館にしか見えない。ガラス張りで三角の屋根で、どう見ても美術館ですよ。

原口：日本だって建造物で、国立公園に溶け込むやつって、吉野ケ里に行かれたらおわかりでしょ。完璧に溶け込むのってできるんですよ。

石田：景観に溶け込む発電所を作ればいいじゃないかという解決策が一個あるわけですよ。もう一個、さっき言った温泉協会とかが温泉が枯渇するって答えてるんですよ。

及川：それは。

石田：レイキャビクエナジーが言うには絶対に枯渇しない。枯渇しないやり方がある。元の温度に戻してもう一回地中に埋め込めば、温泉はもうずっと循環する。

及川：そうかそうか、元の温度にして、もう一回戻すわけですね。

石田：それで絶対に枯渇しないサスティナブルなエネルギーですって彼らは言っているわけですね。だからレイキャビクエナジーのやり方をどうぞ真似してくださいと、技術も全部公開しますと。

原口：その技術、もともと日本のものなのに。

石田：公開前は、日本ですよ。

及川：それはちょっとアイスランドって日本の復活のカギになる。

石田：カギになる。三つめは今度、利権の問題ですね。原子力発電村とかいろいろね、いるわけですよね。そのエネルギー関係って。カズさんもよく言ってたけど、エネルギー関係にはね、手を出せないっていうぐらい恐ろしい世界らしいんですよ。人の命が平気で失われるってぐらいね。その中でなかなかやりたくても動けない、そういった圧力もあるんじゃないかと。

原口：その圧力はどう取るかというね、僕は頭の中にあるんですよ。

及川：あるんですか。

原口：それはね、原発は原発事業者からすると無限責任だから、原賠法って法律があって本当は国策で原発を進めているじゃないですか。だけど事業者が無限に責任を取りなさいって法律なんですよ。それ、たまらんと思ってるんです、本当は。原発を万全の耐震対策をしようとしたら莫大な費用がかかってしまう。これではとても採算を考えても合わない。合わないから、やめたいですよね。本音は。

原発事故が起きる前にそれこそ今日河野太郎さんが出るって言ったみたいだけど、『平和』って本の中で対談したんですよ。原発をどうなくすかって。そしたら、東電の人が殴り込みかかって来たんですよ。文句言いに来たと思ったら、そうじゃなくてここに書いてあることをもうちょっと聞かせてくれませんかって。

及川：本当はやめたいんだ。

原口：やめるためにどうすればいいかというと、手上げ方式で国がバランスシートから落としてあげればいいんです、原発を。

いま資産じゃないですか、だけど本当は負債、限りない負債に近いスタンス。だけど、これいりませんと言った瞬間に負債の部に入っちゃうから、それはもう必死で、やめないっていうんですよ。じゃあ、手上げ方式で軽くしてやるんですよ、荷物を。それは法律を出しているんですよ。

石田：けっこうじゃあ今負担が大きい、お荷物。

及川：じゃあ、政治が判断すればやれる方法はいくらでもあるんですね。

原口：あるんです。それで地熱でね、あるいは九州電力だって小さな水力発電っておわかりになります。日本ってけっこう山あいの。

及川：でっかいダムがあって。

原口：あんなでっかいダムじゃなくて、二〇〇メートルとか三〇〇メートルとかの高低差を使った小水力発電というのが、昔、明治の時からやっているんですよ。

及川：へーえ、そうなんだったのか。

石田：それってヨーロッパの東のどっかの国がいまだにあちこちの村で使ってやっている。

原口：やってる。で、日本もそれやったら、長く送電線やんなくていいから、すごい楽なんですよ。だけど、大規模にバーンとやった方が楽だっていうんで、やったわけです。それを逆転させればいいんです。

石田：四つめの、地熱を日本でやれない理由ね、これは地熱発電というのは初期コストがすごくかかるんですよ。探査、調べて、掘って、そこから設備を作ってていう初期コストがすごくかかるんで、なかなか採算ラインに持っていくことができないらしいんですよね。

そこで、アイスランドがやっているのは、電力を供給すると同時に、熱水供給をする。水が出るんでね、熱い水が。パイプラインを使って、各家庭に全部蛇口をひねったら熱湯が出るみたいな感じなんですよ。それとプラス暖房、地熱を暖房で使う。雪が降っても、雪とかがきちんと溶けてなくなるように、町中にそういうのを引いて、それを収益にしている。

さらにすごいのは、アイスランドの発電所っていうのは、入場料収入を取るようになったんですね。なぜかというと世界中から視察が来るから。政治家さんとか、環境エネルギーの開発機関とかね、ファンドとかが来るんですよね。そういう人たちが入るのに、一人入場料二〇〇〇円取るんですよね、だいたいね。夏場の繁忙期になると、一日四〇〇〇〜五〇〇〇人は来るんですよね。修学旅行からも来るし。その入場料収入があって、なおかつお土産屋さんがあるんですよね、発電所の中に。お土産売ってるんだけど、例えばこのぐらいの箱に石ころが入っているんですよね、石ころが一万円ぐらいで売っているんですよ。

及川：えーえ。

石田：溶岩みたいなね。たぶん溶岩マニアとかいるんですよ。その人たちが「うわあこの溶岩珍しい形だ」とかいって石ころを買っていくんですね、一万円で。そういう土産物をたくさん売っていたり、カウンターバーもあるの。飲み屋も、発電所の中に。そういった観光関連の収入と熱水供給と暖房供給と、それと発電なんですよね。事業の収入のポケットが多様化されているから、それでたぶんまかなっているんですね。

そう考えると、日本で地熱発電というのは、例えば地熱エネルギーって大分とか熊本とか九州の方が多いけど、そっちよりも東北とか北海道の方が採算ラインに乗せやすいんですよ。

及川：なるほど。

石田：寒い地域の方が収益化最大限、寒いところって例えば雪かきをやらなくてよくなったりとか、道の雪かきも凍らないから地熱が通っていると。

及川：それは大きい。

石田：大きいでしょう。それで電力会社が各行政とかにそういうのを売ることができるじゃないですか。雪かきは電力会社がやりますと。地熱で自動的に雪が溶けるんですよ。

原口：新潟の人が喜びますよね。

及川：道路の凍結を防ぐために、いろんなことやってお金をかけてますよね、毎年。

石田：そう。そのお金を電力会社に払ってくださいと。電力会社が全部代わりにやりますよみたいな。いろいろメリットがあるんですよ。寒い地域の方がそれは最大化できるっていう。

及川：この本で出すというのは意義がありますよね。

石田：この話、僕、リーマン・ショックの頃だから二〇〇八年くらいからずっと言っているんです。僕、リーマン・ショックの直前にアイスランドに初めて行って、いろいろ行く前に調べていたら、ヘトリスヘイジ地熱発電所ってのが完成したばっかりだというニュースが出てきて、行ってみたいと。

で、行ったら、電力会社のスタッフに、「あなた日本の政治家ですか」って言われて。「違いますけど、なんでですか」と言ったら、「政治家しか来ないから、世界中から政治家しか来ないから、観光客なんか来ないから」って。

及川：そうなんだ。これはいい話。すごくいい話。

原口：本の末尾にいいですね。

ワクチンとロバート・ケネディ・ジュニア

及川：じゃあ、ちょっとワクチン関連、そういうのを入れてくれって話なんで。今回、ロバート・ケネディ・ジュニアがトランプ陣営に入ったわけですけど、その最大の理由、ロバート・ケネディ・ジュニアとしても自分で大統領候補として出て、献金もいっぱいもらってキャンペーンやってたわけだから、やっぱりやめてトランプさんを応援するって大変な決断だったわけですよ。特に奥さんが反対だったらしくて、最後まで反対だったらしくて。あと、親戚、ケネディ家、全部反対だから。

原口：そりゃ民主党ですもんね。

及川：そう、民主党なんで。大変な逆風を身内から受けて、それでも決断したらしいんですよ。最後はやっぱり神に祈ったって。

原口：もう祈るしかないな。

及川：ディーププレイヤーっていってましたけどね、深い祈りをして、それで決めたっていうんですよ。一番の理由が慢性疾患なんですね。これね、子どもなんですよね。

原口：ずっとやってますもんね。

及川：そう、結局ワクチンなんですよ。アメリカでは子ども用のワクチンが四十何種類あって、それをずっと射たされてきて、その後、とにかくいろんな慢性疾患がアメリカ人の子どもの本当に二人に一人とかなって、肺炎とか。それが異常に増えて、それをママさんたちが民主党、共和党に訴えてきたんだけど、誰も取りあってくれなかった。最後に聞いてくれたのが弁護士だったロバート・ケネディ・ジュニアさん。

石田：で、そっかケネディさんはもうそっちの道に走っていくわけですよね。反ワクチンのね。

及川：子どもの反ワクチンの団体を作って。子ども達が結果的に慢性疾患になってしまっているので、それをなんとかしなきゃいけないっていう、ここにトランプさんは同意したんですよね。トランプさんのなんか孫かだれか子どもかな、やっぱいるんですってね。どうもワクチンで、そうなったのが。トランプさんにとっても大変な問題意識を持ってて。

石田：他人事ではないんですね。

及川：そう。そこで一致して、一緒にやんないかということになって。トランプさんにしてみればね、やっぱり大統領選挙本当は厳しいので。向こうは何やってくるかわかんなかったわけじゃないですか。

石田：悪魔ですからね。

原口：ブタ箱に入れそうになるわ。

及川：九月にどうなるかわかんないわけで。

原口：そうそう、量刑言い渡し。

及川：そうなんですよ。

原口：九月一八日でしたね。

及川：そうなんですよ。まあわかんないですね。もう、とにかくありとあらゆることをやってくるので。そこにロバート・ケネディ・ジュニアがね、入ってきてくれたのは大きいし。それが先週の金曜日ですよ。先週の金曜日に正式な発表をして、翌日から掌返しのようにアメリカのメディアとネットはロバート・ケネディ・ジュニアばっかり。

石田：今まで全然取り上げなかったのに。

及川：全然取り上げず、逆にシャドウバンしてたんで。

石田：そうですよね、シャドウバンですよ。

原口：もともと、でもアメリカはケネディ好きですからね。

及川：好きですよね。人気あるんですよね本当はね。でももうアメリカのメインメディアが日曜日の政治番組にいっぱいケネディ呼んで、で、どうしてなんですかってインタビュー。

原口：さっきのワクチンの件だってずっと変人扱いですもんね。二〇〇六年に子どものワクチンを取り上げて、僕それで逆にバンされたんです。ロバート・ケネディ・ジュニアさんが二〇〇六年にもうこんな早い時に言ってるんだって言ったんでバンされた。

及川：ひどい話で。

原口：この一年だけでも、ものすごい反転しているんですよ。逆転しているんです。

石田：アメリカがもしもトランプ政権になってケネディさんとかも前面に出てくるようになったら、日本のマスコミはどうするんでしょうね。

原口：いや、掌返しです。

石田：掌返しでしょうね。なかったような感じで。

原口：もとはそう思ってたんだよなんてね。言えなかった。バイデンさんに配慮しなきゃいけない。そういうところがやっぱり日本は、僕はまずいと思いますよ。

石田：あの時はああ言ったけど、今全然違うこと言ってるじゃんとかね。

原口：必ず裏切り者がいる。この頃、太平洋戦争を調べているんです、林千勝先生のとこ。あれもともとインド洋戦争だった。結局アングロアメリカが出てくるのをインド洋でイギリスを防ぐためには、帝国の艦隊、連合艦隊は西に行くべきだった。それを中に裏切り者がいて、秋丸機関が言ったのと真逆のことをやって太平洋のハワイを攻める。ハワイのはるか向こう側にアメリカがあるのに、普通やらんです。

及川：それを仕掛けて、まんまと本当は南方戦争だったのを、日米戦争になっちゃって。

原口：今の岸田さんとよく似てますよね。NATOに誘い出された。そういう意味じゃ、ロバート・ケネディ・ジュニアさんが次、司法長官になるとか、あるいはNIHの所長になるとか、いろんなこと言われていますが、そのへんをユキさん。

及川：先週の日曜日のアメリカのメディアで、そのへん聞かれているんですよ。それはもうトランプさんと話がついているんですかって。ついてないよと。そこは、まず選挙に勝ってから。自分はどんな形でもいいから、トランプ政権の中でアメリカをよりヘルシーにしたいと。

原口：ねえ。メイクアメリカヘルシーアゲイン。

及川：これね、この言葉、びっくりしましたね。先週の金曜日に、アリゾナ州のフェニックスで、ロバート・ケネディ・ジュニアが正式な表明をした。実質撤退しますって。本当は撤退ではないけど。実質撤退します、トランプさんを推薦しますって。その数時間後に同じフェニックスでやるトランプさんのラリーにやってきた。やってきて、トランプ陣営は「今日のラリーはシークレットゲストがいます」って告知したんです。これみんなわかっているわけですね。ロバート・ケネディ・ジュニアだって。トランプさんが出てきて、演説を始めて、途中でロバート・ケネディ・ジュニアだって出てきたわけですよ。

原口：出てくる姿がもう感動ですね。

及川：感動ですね。映像残ってます。会場はもう大興奮で、そこでトランプさんが最高の紹介をしてロバート・ケネディ・ジュニアが出てきて。普通だったら、民主党の候補者だったんだから。

原口：ライバル。

及川：そう。日本でいったらどうですかね、自民党の党大会に立憲民主党の人が出てくるような。

原口：俺が自民党の党本部に乗り込むぐらいいな。

石田：それぐらいのインパクトがある。

及川：それで、自民党の人たちで朝、原口一博チャンネルを見ている人たちが「わー」って喜ぶみたいな。ありえない光景ですね。

石田：すごいわ。

及川：それが起きちゃったわけですよ。

原口：（映像を見ながら）これこれ。これですよ。この後ろ姿、ふるえると思いますよ。

石田：ふるえますね。映像からも伝わってくる。

及川：これよく撮ってましたね。

原口：かっこいいよな。でトランプさんがもう一回やるわけですよ。

石田：涙が出ますね。

原口：ロバート・ケネディ・ジュニア、でかいですね。
及川：でかい、すごくでかい。また筋肉質ですしね。
石田：これはあれですよ、ここに集まっているみんながいよいよアメリカが変わるんだってね。
及川：そうそう。これでロバート・ケネディ・ジュニアが挨拶するわけですよ。トランプのことを称賛しながら、自分がなぜ立候補したのかって話をするんだけど。その最後に、私たちは一緒にメイクアメリカヘルシーアゲインって言って、そうしたら「わー」ってなって。こっからこの話は始まっている。
石田：グレイトからヘルシーになったっていうので、切羽詰まってる感じですね、アメリカの。

原口：僕らの憂国連合というのは、憂うる国の連合を、みんなが人が集まったら優しい国にしましょうって、よく似てるんですよ。

及川：日本はみんな優しい。

原口：優しい国で、大きな和の国ですもんね。

及川：ロバート・ケネディ・ジュニアが言っているのは、アメリカは本当は健康な国だったんだけど、いつの間にか世界で最も不健康な国になった。

原口：そう、製薬会社とそういうのにもう。民主党がそんなのに出してしまったんだっていうんですよね。

及川：だから、ロバート・ケネディ・ジュニアがこうなってからね、そもそもトランプのいうMAGA（Make America Great Again「アメリカを再び偉大な国に」）の意味を説明するんですよ。それがびっくりする。MAGAとは本当のアメリカに戻すっていうね、それこそ本来やるべきことじゃないかって。

原口：アメリカのもともとの建国の理念って、僕は若い頃から、やっぱり寛容なんですね。多様性に対する寛容。だから彼はcensorshipについてもずいぶん言っているじゃないですか。検閲について。その真逆なんですよ。だって、去年行った時も変人扱いだったじゃないですか。なんでこの変人さんに会いに行くんですかって。違うんですよね、正しいことをずっと言い続けてきているから。

及川：だけどね、日本の国会議員でトランプのことをこういうふうに評価し、ロバート・ケネディ・ジュニアのことまで評価するってたぶん原口カズさんだけだと思うんですよね。

石田：意外といないですね。

及川：いない、わかんないと思うんですよね。そんな知識ないでしょ、みんな。

原口：たしかにね。日本だけ見てますもんね。アメリカをわりと一色で見てますね。アメリカって政治スタンスだけでも一三くらいに分かれています。ロン・ポール、ランド・ポールのリバタリアンとかね、それからバーニー・サンダースさんみたいな極左までね。すごく広いんですよね。アメリカっていうと、自分たちに指示をする人たちがアメリカと思っている。

石田：ほとんどの国会議員がそうでしょうね。全く世界のことをわかっていない。

及川：そういう中で、原口一博っていう衆議院議員だけがちょっと異質に見えるんですよ。この日本の中で、でもそれが本当はグローバル。世界の中で一番最先端にいると思うんですね。

原口：こないだニューヨークの方が、日本の代議士って呼んでいただいたんです。日本の代議士ってニューヨークでいえば僕なんです。それは、もったいない話でけどね。でも、スタンダードですよね。で、ずっと日本ってディバイド&ルールされてんですよ、右とか左とか。でも、一九五二年の指揮権密約を出しましけたど、全く頭を押さえられてて、そっちの右左なんですよ。そんなの意味ないことですよね。

及川：そういうことですよね。まあ、でもそういうことでじゃあちょっとこれでたぶん三〇分ぐらい話したんで。これで十分だと思います。

原口：ありがとうございます。

おわりに1

今、世界は第三次世界大戦の前夜です。「前夜」とは、その兆候はたくさんありながら、ほとんどの人は翌日から起こる大惨事に気づいていないという意味です。

第二次世界大戦も同じでした。ヒトラーが次々に欧州の中で侵略を進めていながら、ほとんどのヨーロッパ人は、再び世界大戦になることに気づいていませんでした。

その原因は、人々が国際情勢の正確な情報を得る手段がなかったからです。その結果、人類史上、最悪の死傷者数を出してしまいました。であるならば、人類の教訓は、人々が真実を知ることの大切さであるはずです。

ところが、現在、世界で広まっているのは、政府と国際機関による「言論の自由」の弾圧です。

ブラジル最高裁判所は、イーロン・マスクのXがブラジル政府の検閲に従わなかったという理由で、営業を停止させました。一方、ＥＵは、イーロン・マスクに書簡を送り、ＥＵの検閲法に従うよう要求しています。

ドイツでは、ポッドキャスト番組 Hoss and Hopf の司会者は、トランスジェンダーの人物を「誤った性別で呼んだ」として、ドイツで二五万ユーロの罰金と懲役刑に直面しています。

フランスのマクロン政権は、テレグラム創業者、パベル・デュロフ氏をユーザーを検閲しなかったとして逮捕しました。ランブルCEO、クリス・パブロフスキーは同様の理由でフランス政府からの脅迫を受け、ヨーロッパから避難しました。

イギリスでは、ネット上で「誤情報」を共有したとして五五歳の女性が政府に逮捕されました。イギリス政府は女性蔑視を過激主義の一形態とみなす新たな法律を制定しようとしています。

世界は怒涛の如く、情報統制に動いているのは確かです。

アメリカのロバート・ケネディ・ジュニアは、政府の検閲に対して、このように言っています。

「政府が、間違った情報から私たちを守ってくれる中立的な裁定者だと信じてはいけません。その中立的な裁定者はすぐに悪のダース・ベイダーに変身します。私たちが、聞くべきものと聞くべきでないものを規制する権限を誰かに与えた瞬間、その人はダース・ベイダーに変身します」。

このような国際情勢の中で、日本では、原口一博衆院議員は、全く逆の方向を示しています。「政府の検閲」に対して「透明性」です。

原口議員は、国会議員としての自分の考え、行動、発言をすべてネットで国民にオープンにしています。

国会での自分の質問の動画をネットに投稿する議員は多くいます。ところが原口議員は、国会で質問する前に、事前に政府の担当者とのやり取りの動画をネットに投稿します。普通は国民に絶対に見せない、舞台裏の様子まで、国民に示しています。

世界保健機関ＷＨＯが、次のパンデミックに備えて、通称「パンデミック条約」を制定する動きがありました。それに対して、原口議員は、パンデミック条約を研究する議員連盟を発足させました。

その議員連盟の総会では、参加している厚生労働省や外務省の担当者と国会議員との激しいやり取りが起きました。驚いたことに、原口議員は、その議員連盟の一部始終をネットで公開していました。数百万人の国民が、その模様をネットで目撃し、問題の深刻さを知りました。

原口一博議員は、あえて現在の世界の潮流に逆行しています。その愚直なまでの信念と行動力は、政治勢力の右と左の両方から大絶賛を受けています。その姿は、「ピープルズ・ポリティシャン（庶民を代表する政治家）」です。

本書の三名の鼎談において、政治家・原口一博が掲げる理想の政治が具体的な政策として網羅されています。そこにあるは、従来の政治の「保守」対「リベラル・左翼」のイデオロギーではなく、日本人のために今、何をすべきかでしかありません。

私は、その庶民の一人として、この鼎談に参加できたことを誇りに思っています。

及川 幸久

おわりに2

本書を最後までお読みいただきありがとうございます。僕は先日アイスランドから帰り、帰国直後にこの原稿を書いています。意外と知られていませんが、二〇〇九年に国民の手によってグローバリズム勢力を追放した国。それがアイスランドです。アイスランドは島国、地熱大国、温泉大国、漁業大国、プレートの繋ぎ目、そして化石燃料はほとんど採れない。どこかの国と似てませんか？そうです我が国日本です。

アイスランドも日本同様に一九七〇年代の終わりにオイルショックを経験し、地熱エネルギーの推進に大きく舵を切ります。地熱は純国産エネルギーであり、価格の乱高下する石油のように国際情勢に影響を受けることはありません。また太陽光や風力、水力などのように天候に左右されることもありません。オイルショックを経験したアイスランドはそれを教訓とし、純国産エネルギーに転換してきました。

また二〇〇八年のリーマンショックの直後、アイスランドは金融危機を迎えます。アイスランドはそれまで資産運用立国を目指しており欧州全土から投資を誘致していました。

これもどこかの国と似てませんか？特に欧州の人々は少しでも金利が高い方に資金を動かす習性があるため、アイスランドのメガバンクは高い金利で世界から預金を集めていました。

預金者には高い金利を還元する必要があるので、アイスランドのメガバンクは高利回りのサブプライム証券に向かいます。サブプライム証券が破綻したことでアイスランドは真っ先にリーマンショックの影響を受けました。アイスランドクローナは大暴落し、国民の資産は紙屑同然。企業は倒産したり解雇の波が押し寄せ、多くの人が明日の収入を失い路頭に迷いました。

アイスランド政府は国民の税金を原資にこれらのメガバンクを救済する計画を発表。そこで声を上げたのが国民たちです。「私たちの税金で銀行の借金返済の肩代わりをすべきではない」アイスランド危機の責任は誰にあるのか？明確な責任追求をし市民運動を起こします。メガバンク三行（カウプシング銀行、グリトニル銀行、ランズ銀行）の代表および経営陣たち、そしてＩＭＦや米投資銀行たちと結託していた一部の政治家たち、彼らに責任があるということを訴え、裁判を通じて判決を出し刑務所にぶち込まれました。

この一連の流れが、二〇〇九年に国民の手によってグローバリズム勢力を追放した革命と言われている「鍋とフライパン革命」です。途中から異変に気づいたアイスランド国民は少人数で集まって小さな勉強会を開催しました。そのような会はあちこちにたくさんあり、元々はとても小さなコミュニティだったのです。同じように異変を感じる人たちは大勢おり、あちこちにあった小さな勉強会はリーマンショックという事件を皮切りに、磁石のように一気に惹きつけ合い、大きな組織となりました。

彼らの生活をどん底まで突き落としたのは、紛れもなく米投資銀行やＩＭＦと結託し、国民生活を顧みずに利益追求を続けていたアイスランドの一部の政治家とメガバンクです。それらへの責任追求や処分、そしてその後の政策や政権運営まで、彼らは未来をも見据えて勉強会を行っていきました。

そういった国民たちの未来思考と行動によって、その後アイスランドは二年弱で金融危機から不死鳥の如く復活しました。現在アイスランドは世界でも最も経済的に豊かな国になり、エネルギー自給率は一〇〇％の国になり、国政投票率も八五％以上となり、国民幸福度指数も世界一位二位を争う国となり、一人当たり読書量は世界第一位の国となっています。

アイスランドはゆうこく連合が目指すものとリンクします。ゆうこく連合の①日本独立、

②日本再興、③日本救世。３つともとても重要です。そしてこれらを今国民の手によって実現させようとしています。楽しく明るく、みんなが健康で幸せに生きていくために、アイスランドに見習う点は多々あります。アイスランド人にできて僕たち日本人にできないわけがない。日本も今多くの方が気づき動き始めている。それは非常に明るい兆しです。みなさんと共に未来を創りましょう。さぁ光の射す方へ！

越境 3.0 チャンネル　石田 和靖

原口一博（はらぐち・かずひろ）

衆議院議員

石田和靖（いしだ・かずやす）

国際情勢YouTuber〝越境3.0チャンネル〟

及川幸久（おいかわ・ゆきひさ）

独立系メディア＆出版社WISDOM BOOKS経営者

日本再興
～独立自尊の日本を創る～

2024年　10月29日　第1版第1刷発行

著者　原口一博

石田和靖

及川幸久

発行者　髙橋　考
発行所　三和書籍

〒112-0013　東京都文京区音羽2-2-2
TEL 03-5395-4630　FAX 03-5395-4632
sanwa@sanwa-co.com
https://www.sanwa-co.com

印刷所／製本　中央精版印刷株式会社

ISBN978-4-86251-568-1 C0031